수필은 이모티콘이다

 이혜경 수필집

우리시대 수필작가선 081

수필은 이모티콘이다

이혜경 수필집

수필세계사

● 작가의 말

삶의 감성을 문자로 그리다

    신기한 녀석을 만났다. 땅에 닿을 듯 머리를 숙여 고맙다는 인사를 하고, 슬플 때는 주변을 의식하지 않고 닭똥 같은 눈물을 쏟는다. 미안한 일이 생기면 일 초도 망설이지 않고 손발을 비비며 용서를 구한다. 애교는 또 어찌나 많은지 엉덩이를 살랑살랑 흔들며 윙크를 날린다.

    나를 대신해 온몸으로 감정을 표현해 주는 이모티콘을 만난 후로 다른 사람들에게 감정을 전하는 일이 조금은 수월해졌다. 무뚝뚝한 나를 대신해 머리를 조아리며 사과하고, 애교까지 떨어주니 기특하고 고마운 친구다.

    지금껏 살아온 시간 속에서 특별히 기억에 남는 장면을 문자로 스케치한 것이 나의 수필이다. 고마운 마음을 제대로 표현하지 못하고 지나간 아쉬움, 잘못을 저지르고 사과도 없이 어물쩍 지나간 미안함, 실제 마음의 크기보다 십 분의 일도 담지 못한 애틋한 감정을 뒤늦게 문장으로 옮겨 적었다. 왜 삶의 모든 순간은 지나고 난 후에야 그 장면이 얼마나 큰 의미였는지 깨닫는 것일까. 시간이 흘러 과거를 되감아 보면 또 다른 후회와 아쉬움이 남을 것 같아 수필로 내 삶의 순간을 저장해 두려고 한다.

요즘 후납으로 부친 편지처럼, 이모티콘으로 그린 내 마음이 늦게나마 주변 사람들에게 잘 도착했으면 하는 바람이다.

2021년 겨울의 문턱에서
이 혜 경

차례

1
눈물 짓다

청년회관 11
신호등 앞에서 16
이별 답안지 20
마지막 드라이브 25
슬픔의 유효기간 30
손의 표정 33

2
미소 짓다

수필은 이모티콘이다 39
부산 사람 44
명품 가방 49
반전 53
마지막 친구 58
엄마 왔다 62

3. 그리워하다

그리움에 부치는 우표　69
인생 앨범　75
바다에 닿다　79
내가 모를 줄 알고　83
추억을 새기다　88
빚진 차비　92
온새미로　97

4. 빠져들다

옆모습　103
소리를 죽이다　107
라면 콘체르토　111
라이브　115
외로운 항해　120
방탄의 소녀　124
들어주는 귀　129

5 돌아보다

꽃멀미 135
공중관람차 안에서 141
탈을 내리다 146
아는 사람 151
방부제 156
물난리 159
비싼 착각 163

6 비켜서다

샌드위치가 맛있는 이유 169
슬리퍼와 하이힐 175
숫자 울렁증 179
그린라이트 184
로열석 188
슬픈 날개, 조문국의 금관 192
하얀 깃발 196

■ 작품해설 199

1
눈물 짓다

슬픔이라는 녀석은 신출귀몰하는 재주가 있는 것이 분명하다. 평소에는 그림자도 얼씬하지 않다가 느닷없이 출몰해 눈물 한 바가지 뿌려놓고 유유히 사라진다.

- 청년회관

- 신호등 앞에서

- 이별 답안지

- 마지막 드라이브

- 슬픔의 유효기간

- 손의 표정

청년회관

아침 수저를 내려놓기가 바쁘게 아버지는 거실과 방 사이를 종종걸음으로 가로지른다. 슬쩍 눈길을 돌려보니 핸드폰을 챙긴 다음 지폐 몇 장을 주머니에 구겨 넣는다. 모자를 반쯤 걸치고 지팡이까지 챙기면 비로소 외출 준비가 끝난다. 오늘처럼 자식들이 다 모인 특별한 날에는 경로당 출석을 한 번 건너뛰어도 좋으련만 일 분 일 초가 아까운지 서둘러 현관을 나선다.

아버지에게 경로당에 가는 일이란 매일 밥을 먹고 잠을 자는 것만큼이나 중요한 일과다. 그런데 아파트 단지 안에 있는 가까운 곳을 두고 굳이 멀리 있는 경로당까지 차를 타고 간다. 버스로 삼십 분이나 걸리는 먼 동네까지 원정을 가는 데는 이유가 있다. 그곳은 아버지가 코흘리개시절부터 성인이 될 때까지 살았던 고향 동네이기 때문이다.

잠시 얼굴 도장이라도 찍고 와야겠다는 아버지를 말릴 수가 없어서 차로 모셔다 드리기로 한다. 유난히 드라이브를 좋아하는 아버지는 조수석에 몸을 기대고 빠르게 지나가는 창밖의 풍경을 놓치지 않겠다는 듯 유심히 바라본다.

신호등 여러 개를 지나서 차는 아버지의 고향 마을로 접어든다. 불과 십여 년 전만 해도 논밭이 수평선처럼 끝없이 펼쳐져 있던 작은 농촌이었는데 이제는 빼곡한 아파트 숲을 이루고 있다. 국립대학병원이 인근으로 이전해 오고, 도시 개발 사업이 추진되면서 한적한 시골 마을이 거대한 신도시로 탈바꿈했다. 바람이 불면 푸른 논밭에 초록 물결이 일렁이던 시원한 풍경은 간 데 없고 지금은 무채색 빌딩 유리창에 반사된 햇빛에 눈이 부시다.

"이 동네가 진짜 많이 변했어요."

"대도시 다 됐지. 그래도 옛날부터 살던 데라서 그런지 여기만 오면 마음이 편해."

어느새 아버지의 입꼬리가 슬쩍 올라가 있다. 팔순의 고개를 훌쩍 넘긴 후에도 고향 동네로 마실을 다닐 수 있다는 것은 작지 않은 복이다. 비록 고향의 외관은 많이 바뀌었지만 그곳으로 향하는 아버지의 마음만큼은 몇십 년 전이나 지금이나 한결같이 즐겁다.

매일 경로당에 출근도장을 찍는다는 이야기를 자주 들었어도 같이 온 것은 오늘이 처음이다. 경로당은 예전에 내가 다녔던 초등학교 근처에 있어서 찾아가는 길이 그리 낯설지 않다. 아버지의 안내에 따라 아파트 입구에 차를 세운다. 차에서 내려 아버지를 부축하고 주위를 아무리 둘러봐도 경로당 간판을 찾을 수가 없다.

"여기 맞아요? 경로당이 안 보이는데요?"

내 말에 아버지가 손가락으로 한 곳을 가리킨다. 손가락이 향한 곳은 낡은 나무 간판이 걸려 있는 작은 회관이다. 페인트칠이 벗겨지고 외벽에는 녹물이 흘러내린 초라한 외관이 이곳을 찾는 허리가 굽은 백발노인들의 모습과 묘하게 닮았다.

그런데 이 건물에 붙은 간판이 특이하다. 세월의 흔적이 쌓여 나무에 새겨 넣은 글씨가 평평하게 무디어진 간판에는 '동중리 청년회관'이라고 쓰여 있다. 아버지는 익숙한 손놀림으로 문을 열고 지팡이를 짚은 채로 가뿐히 문턱을 넘는다. 집에서 볼 때보다 몸짓이 한결 날렵하다.

아버지가 청년회관 안으로 들어간 후에도 나는 한동안 그 앞을 떠나지 못하고 있다. 머리에 서리가 내려앉은 노인들이 모이는 놀이터에 떡하니 버티고 있는 '청년회관'이라는 간판이 나를 붙든 까닭이다. 마을 주변의 논과 밭이 차례로 사라지고 아파트 숲으로 변하는 동안에도 작은 청년회관은 용케 밀려나지 않고 동네 한구석을 지키고 있다는 것이 신기하다.

한때는 아버지에게도 저 간판 이름에 어울리는 푸른 시절이 있었다. 꿈을 펼치기 위해 발을 딛었던 공직의 세계에서 아버지는 성큼성큼 계단을 올랐다. 그러다 예기치 않은 사고로 직장을 잃으면서 새로운 사업을 시작했고, 가족들의 밥그릇을 채우기 위해 밤낮으로 뛰어다녔다. 그때 아버지의 팔뚝에 선명히 드러난 푸른 힘줄에서는 보기만 해도 에너지가 느껴졌다. 그런데 어느새 줄어든 몸피로 변해 작은 회관을 드나들게 된 것이다.

지금의 나는 흰 머리에, 거동이 불편한 아버지가 더 익숙하지만, 아버지의 마음속에는 검은 머리숱이 무성하던 청년 시절의 기억이 더 선명한지도 모르겠다. 저 작은 공간에서 와자지껄 모여 화투장 그림을 맞추면서 싱거운 농담을 주고받는 동안에는 친구들과 동네 골목을 누비던 청년 시절로 잠시 돌아갈 것이다. 어쩌다 점수가 나서 동전 몇 개도 끝까지 받아내겠다고 실랑이를 벌이는 순간에는 식솔들의 밥을 책임지던 당당한 가장의 시절을 떠올리며 굽은 어깨에 모처럼 힘이 잔뜩 들어갈지도 모른다.

그래서 아버지에게 이 작은 공간은 고향 그 이상의 의미이리라. 내가 보고 있는 아버지의 모습과 당신이 기억하는 자신의 모습 사이에는 무심히 흘러간 세월이 층층이 쌓여 그 간격이 멀다는 사실에 가슴이 저릿하다.

아버지가 예전의 빛나던 젊은 시절로 돌아가 즐겁게 시간을 보낼 수만 있다면 '청년회관'이라는 이 엉뚱한 간판이 이곳과 제법 어울리는 이름일 것도 같다.

신호등 앞에서

평소와 다를 것 없는 여유로운 금요일 오후였다. 창가에 드리운 여름 햇볕에 온몸이 나른해지던 참에 핸드폰 벨이 울렸다. 발신인에 어머니의 이름이 떴다.

"아버지가…… 많이 안 좋다. 어서 병원에 와야겠다."

"어디가 안 좋으신데요?"

"심폐……소생술 받고 있다. 최대한 빨리 와라."

수화기 너머로 떨리는 어머니의 목소리만으로도 아버지의 상태가 얼마나 위중한지 짐작할 수 있었다. 떨리는 손으로 가방과 차 열쇠를 챙겨들고 주차장을 향해 헐레벌떡 뛰었다.

부산에서 양산으로 가는 길이 이토록 길고 멀었던가. 마음은 급한데 길목마다 신호등은 왜 번번이 발목을 잡는지 야속하기만 했다. 고속도로에 차를 얹은 후로는 내가 밟을 수 있는 최고

속력으로 달렸다. 이상하게 아무리 속도를 올려도 뒤에서 누군가가 끌어당기는 것처럼 차가 더딘 느낌이었다.

무슨 정신으로 왔는지 모를 만큼 허둥지둥 달린 끝에 목적지가 눈앞이었다. 신호를 받는 동안 터질 것 같은 긴장감을 누르려고 숨을 한 번 크게 쉬었다. 그때 맞은편 차선으로 구급차 한 대가 요란하게 지나갔다. 빨간불 앞에서 거침없이 달려가는 구급차가 예사롭게 보이지 않아서 아까보다 심장 박동이 더 빨라졌다.

신호를 통과해 주차장으로 들어서는 순간 다시 벨이 울렸다. 아버지의 상태가 더 나빠져서 부산의 대학병원으로 급히 옮기고 있으니 그쪽으로 오라는 연락이었다. 조금 전에 신호등 앞에서 마주쳤던 그 구급차에 아버지가 타고 있었던 것이다. 당황해서 상황 설명을 하지 못하는 어머니를 대신해 구급차에 동승한 사람이 전화를 바꾸어 아버지가 많이 위독하시니 얼른 따라오라는 설명을 해주었다.

불과 신호 한두 개 차이로 뒤따르기 시작했지만 아버지와 나의 간격은 점점 더 멀어졌다. 구급차와 달리 나는 고속도로에 진입할 때까지 길목마다 신호에 걸려 차를 멈추어야 했기 때문이다. 나중에는 눈앞이 흐려져 신호등 색깔이 무슨 색인지 분간이 안 갈 정도였다. 결코 상상하고 싶지 않은 일이 현실로 닥치니 눈앞도, 머릿속도 그저 뿌옇게 변했다. 며칠 전까지만 해도 집에서 뵈었던 아버지가 지금 이 순간 생사의 갈림길에 놓여 있다는 사실을 도저히 믿을 수 없었다. 지금 내 상황이 그저 꿈이었으면 좋겠다는 생각만 들었다.

고속도로를 나와서 병원으로 향하는 길에 다시 전화벨이 울렸다.

"어디까지 오셨어요? 상황이 급합니다."

"네…… 여기 터널 앞인데, 신호에 걸려서……."

"최대한 빨리 오세요, 아버님이 더는 못 기다리실 것 같아요."

이미 병원에 도착한 아버지가 마지막 순간을 맞고 있다는 연락이었다.

주말 오후의 시내 도로는 이미 정체가 시작되어 번잡했다. 앞질러 가고 싶은 내 마음을 몰라주고 차들이 도로를 빼곡하게 메우고 있어서 이럴 수도 저럴 수도 없었다. 일 초가 긴박한 상황에서 내가 할 수 있는 일이라고는 어서 신호가 초록불로 바뀌어서 날아갈 수 있기를 바라는 것 말고는 아무것도 없었다.

생각해 보면 그동안 아버지는 자식들에게 여러 번 신호를 주었다. 하루가 다르게 기억의 페이지를 지워가던 아버지가 아니던가. 인생의 마지막 페이지를 향해 걸어가는 모습을 옆에서 보면서도 왜 항상 나는 시간이 많이 남아 있다고 여유를 부렸을까. 가끔 친정에 들러도 건성으로 아버지 얼굴만 보고 내 새

끼들 챙기러 간다며 집으로 오기가 바빴다. 어머니가 전화해서 아버지 모시고 외식이라도 한 번 다녀오자고 해도 스케줄이 바쁘다며 다음으로 미루었다. 자식이 찾으면 아버지는 늘 파란불로 달려왔는데 내가 아버지에게로 가는 길은 노란불이나 빨간불이 되어 멈칫거렸다. 이렇게 급작스럽게 떠나보낼 줄 알았다면 그 많았던 아버지에게로 향하는 신호 앞에서 무심히 지나치지 않았을 텐데. 시곗바늘을 되돌리고 싶어도 사람의 힘으로 어쩔 수 없는 순간이었다. 신호등 앞에 멈추어 선 나는 한없이 무기력했다.

저 신호등이 나에게 물었다. 그동안 너는 무얼 했느냐고. 파란불일 때는 생각하지도 않다가 뒤늦게 빨간불 앞에서 후회를 하느냐고. 아버지와 나의 마지막 만남을 가로막은 것은 무정한 신호등 불빛이 아니라 한없이 무심했던 그동안의 내 마음이었다.

이별 답안지

　병원으로 가는 길은 막히고 또 막혔다. 무심했던 나를 책망이라도 하듯 길목마다 신호등이 발목을 잡고 늘어졌다. 병원 주차장은 왜 그렇게 복잡한지 한 층 한 층 거쳐 옥상까지 올라간 후에야 겨우 빈자리가 났다.
　엘리베이터가 올라오는 짧은 시간을 기다리지 못하고 허겁지겁 내려가 응급실을 향해 뛰었다. 내가 상상할 수 있는 최악의 상황이 아니길 빌고 또 빌면서 눈물을 꾹 삼켰다. 위중한 환자들이 모인 그곳은 급하다고 해서 아무나 들어갈 수가 없었다. 아버지 이름을 대고 어떤 증세로 왔는지 설명한 후에야 닫힌 문이 열렸다.
　여러 개의 침대 중에서도 아버지를 찾는 일은 어렵지 않았다. 반쯤 열린 커튼 사이로 의사들이 둘러서 있는 그곳은 공기가 달랐다. 냉기가 내려앉은 침대 옆에서 설명을 듣고 있던 어머니가 뒤늦게 달려온 나를 발견하고는 어깨가 무너져 내렸다. 붉게 충혈된 어머니의 눈동자가 백 마디의 말보다 더 많은 의미를 담고 있었다.

점심 때도 함께 수저를 들었다는 아버지가 이렇게 갑자기 저승의 강을 건널 줄 상상이나 했겠는가. 도저히 믿기지 않지만 받아들일 수밖에 없는 가혹한 현실이었다. 떨리는 손으로 하얀 포를 걷어 아버지 얼굴을 확인했다. 아버지와 내가 다른 세상에 있다는 것이 실감이 나지 않았다. 아무리 쓰다듬어도 무겁게 닫힌 아버지의 눈꺼풀은 미동도 없었다. 두툼하고 따뜻했던 손도 싸늘하게 식어있었다. 마지막으로 손을 잡은 게 언제인지 기억이 안 날 정도로 무뚝뚝했던 딸이 뒤늦게 후회의 눈물을 떨구어도 아버지는 끝내 눈을 뜨지 못했다.

그나마 오른발에는 희미한 온기가 남아 있었다. 내 손으로 발 한 번 씻겨드리지 못했는데 아버지의 발이 점점 더 차갑게 굳어만 갔다. 식어가는 발을 붙잡고 비비며 내 손바닥의 온기가 조금이라도 전해지길 바랐다. 아무리 문지르고 비벼 보아도 발은 끝내 따뜻해지지 않았고 내 손끝에는 차디찬 감촉이 돌아왔다.

아버지의 다음 행선지는 영안실이었다. 통상적인 절차에 따라 영안실에 안치한 후에 경찰의 검시와 법의학자의 소견을 듣는 절차를 거쳐야 했다. 이 병원에서 치료받은 기록이 없다고 쉽사리 사망 선고를 내려주지 않았다. 담당자는 알아보기 쉽게 표로 만들어 놓은 안내문을 건네며 건조한 말투로 사망 확인서를 받는 과정을 설명했다. 설명을 듣는 동안 귀에 말이 들리지 않고 그저 이 장면이 꿈이었으면 싶었다.

몇 시간을 영안실 의자 앞에서 기다렸다. 병원 근처 경찰서에서 온 담당자를 만나서 상황을 설명했다. 담당 경찰관은 관할 지역경찰서에서 사람이 오면 다시 이야기하라고 일렀다. 양산의 경찰서에서 나온 사람에게도 같은 말로 사망 경위를 진술했다. 법의학자가 와서 검시를 한 후 똑같은 질문을 했다. 구술 시험을 치러 온 것도 아닌데 자꾸 육하원칙에 따라 진술하라고 했다. 내 인생에서 가장 슬프고 괴로운 순간에 앵무새처럼 반복해 답하는 절차는 잔인하기 짝이 없었다.

긴 기다림 끝에 밤늦게 아버지를 양산으로 모셔올 수 있었다. 다음 날까지 넘어갈 수도 있다고 해서 걱정이었는데 저녁에라도 사망진단이 내려졌으니 불행 중 다행이었다. 장례식장에 도착해 상복도 입기 전에 담당자가 나를 불렀다. 가족 중 한 명의 이름으로 계약서를 쓰고 세부 사항을 결정해야 장례 준비를 시작할 수 있다고 했다. 장남인 오빠는 외국에서 비행기를 기다리고 있고, 남동생은 서울에서 내려오는 중이었다. 어쩔 수 없이 딸인 내가 사인을 할 수밖에 없는 상황이었다. 눈물이 마르기도 전이었지만 눈을 크게 떠야 했다. 관의 종류, 수의, 운구 차량, 음식 가짓수 같은 낯선 문제가 선택을 기다리고 있었다. 시험지에 답안을 고르듯이 세부 옵션을 결정해 하나씩 체크했다.

조문객을 맞는 동안에도 수시로 담당자가 나를 호출했다. 상복을 입고 절을 하다가도 "보호자님, 나와 보세요." 소리가 들리면 바로 뛰어나가야 했다. 새로운 음식이 한 박스 들어올 때마다 종류와 수를 검사한 후에 사인했다. 사망진단서를 추가로 발급받을지, 국화는 몇 송이 주문할지, 도착한 화환을 어디에 놓을지 하는 자질구레한 결정을 할 때도 보호자가 확인하는 절차를 거쳤다. 수많은 옵션과 숫자 앞에서 하나씩 칸을 메우는 동안 내가 지금 장례를 치르는 중인가 시험을 치르는 것인가 혼란스러울 정도였다.

내 인생에서 가장 긴 것 같으면서도 한편으로는 가장 짧았던 사흘이 지나갔다. 하늘 공원을 거쳐 집 근처 절에 아버지를 모셔 드리는 것으로 이별 의식에 마침표를 찍었다. 아버지라는 거대한 우주가 한순간에 소멸해 버리는 허망한 과정을 손을 놓고 지켜보아야 하는 일은 어떤 말로도 표현이 안 되는 고통이었다. 이제부터 아버지의 목소리를 들을 수 없다는 사실이 실감조차 나지 않는데 아버지 방의 시곗바늘은 평소대로 움직이고 있었다.

장례를 치르며 크고 작은 숫자 계산의 답을 구하는 일은 그럭저럭 끝났다. 이별의 형식적인 계산이 마무리되었다는 의미다. 이제 내 앞에는 주관식으로 만들어진 빈 답안지만 덩그라니 남아 있다. 큰 시험을 치기 전에 모의고사를 치듯이 아버지와의 이별에도 연습 문제를 풀 기회가 있었다면 가슴에 난 상처가 덜 아팠을까. 집에 한 번 들렀다 가라는 전화를 흘려듣지만 않았어도 말 한마디라도 더 나눌 수 있었을 텐데 그 시간을 되감을 기회가 영영 없다.

아버지의 빈자리가 주는 슬픔의 크기를 아직은 감히 짐작조차 할 수가 없다. 마지막 인사를 하지도 못한 채 떠나보내야 했던 허망함이 내 주변을 맴돌고 있다. 아마 때때로 물음표가 나를 찾아오리라. 나의 우주가 빠져나간 자리의 커다란 빈칸은, 무시로 그리워하며 남은 사람이 하나씩 채워 나가야 할 주관식 이별 답안지다.

마지막 드라이브

　액자 안에서 아버지가 환하게 웃고 있다. 영정 사진의 테두리를 장식한 꽃송이만큼 화사한 미소에 잠시 말을 잃는다. 손가락이 끝까지 닿지도 않아 헐렁한 장갑을 낀 어린 조카가 사진을 안고 차에 오른다.
　아버지의 마지막 가는 길을 배웅하기 위해 영정을 모시고 운전대를 잡는다. 자꾸만 눈앞이 흐려진다. 이 차를 사고 친정에 들렀을 때 아버지는 차를 쓰다듬으며 얼마나 기뻐했던가. 동네 식당으로 드라이브를 하는 짧은 시간 동안 "딸 덕분에 차 타고 호강하니 더 바랄 게 없다."는 말을 몇 번이나 반복했다. 앞으로 종종 차로 모시고 다니겠다는 약속에 설레는 표정을 감추지 않았다.
　스스로 역마살이 있다고 말할 만큼 아버지는 나들이 가는 것을 좋아했다. 젊은 시절부터 자동차로 전국을 누비고 다녔다. 그 덕에 자가용이 귀하던 시절에도 우리 가족은 편하게 관광지 구경을 하는 호사를 누렸다. 학창 시절에는 아침마다 아버지의 차를 타고 등교했다. 뒷자리에 비스듬히 앉아 간식을 먹는 딸의 모습을 백미러로 흐뭇하게 바라보곤 했다. 내가 시집을 가서 다른 지역에 살 때도 바람 같이 달려와 음식을 놓고 가곤 했다. 아침잠 많은 딸이 조금이라도 더 눈을 붙이라고 먼길을 달려와서 초인종도 누르지 않고 돌아갔던 아버지다.

그랬던 분이 수술을 받은 후로 팔다리에 힘이 빠져서 자신이 없다며 스스로 운전대를 내려놓았다. 운전을 그만둔 후부터는 버스를 타는 것이 유일한 낙이었다. 지역의 시내버스 기사들에게 '버스 타고 다니는 할아버지'로 통할 정도로 날마다 얼굴도장을 찍었다. 목적지는 언제나 묻지도 따지지도 않고 종점이었다. 아침에 나가서 노선별로 버스를 갈아타고 종점에서 종점까지 갔다가 해거미가 깔릴 무렵에 돌아오는 것이 일상이었다. 잠시도 한 곳에 엉덩이를 대지 못하는 성미지만 차만 탔다 하면 몇 시간이고 꼼짝없이 앉아 바깥 풍경을 구경하니 희한한 일이었다.

주마등처럼 스쳐가는 기억에서 빠져나와 시동을 건다. 장례버스가 뒤를 따라 천천히 움직인다. 아버지의 마지막 목적지가 될 '하늘 공원'은 장례식장과 멀지 않아 고속도로를 타면 금방 도착할 거리다. 내비게이션이 친절하게 일러주는 지름길을 마다하고 둘러 가는 코스를 선택한다. 생전에 자주 못 시켜드린 드라이브를 이렇게라도 같이 하고 싶은 마음이다. 내 일을 볼 때는 먼 거리도 잘만 운전하면서, 아버지를 보러 달려가는 일에는 왜 그리 인색했는지 늦은 후회가 밀려온다.

발인지로 가는 길에 친정집 방향으로 차를 돌린다. 이틀 전 병원에 가실 때만 해도 이런 모습으로 돌아오게 될 줄 몰랐다. 아버지가 날마다 지나다녔을 버스 정류소가 눈에 들어온다. 다리가 불편한 분이 뒤뚱 걸음으로 지나는 뒷모습이 환영처럼 눈앞에 어른거린다. 아버지의 걸음처럼 천천히, 천천히 아파트 출입구로 다가간다. 아버지가 앉아 잠시 숨을 고르던 현관 느티나무 앞에서 차를 멈춘다. 자식들이 간다고 전화를 하면 미리 내려와 기다리던 아버지의 오래된 지정석이다.

"영감, 집에 왔어요. 이제 다시 못 오니까 많이 봐 두세요."

어머니의 쉰 목소리가 가늘게 떨린다. 마지막 방문이라는 것을 아는지 모르는지 아버지 사진이 조카의 무릎 위에 비스듬히 누워 있다. 아버지가 다녔던 동선대로 구석까지 돌고 차를 돌리는 순간 어머니는 아버지가 그 자리에 서 있기라도 한 것처럼 눈을 떼지 못한다.

약속된 시간에 맞추기 위해 무거운 마음으로 아파트를 벗어난다. 신호를 받는 동안 교차로 건너편에 있는 식당 간판이 눈에 들어온다. 몇 해 전, 가족사진을 찍고 나서 식구들과 들렀던 곳이다. 테이블을 여러 개 붙여 앉아 시끌벅적하게 수저를 뜨던 기억이 떠오른다. 부쩍 기억이 흐려진 와중에도 대식구가 총출동해 웃음소리를 만들어내는 풍경이 흐뭇한지 아버지의 입꼬리가 내려오지 않았다. 아버지가 빠진 식탁의 빈자리는 무엇으로 채울 수 있을까.

눈물을 삼키고 가속페달을 밟는다. 언젠가 비 오는 날 아버지를 모시고 지나갔던 그 길이다. 비에 젖어 홀쭉하던 그날의 가로수가 오늘은 여름 햇살을 받아 부품하다. 날이 궂어서 불편하지 않겠냐고 해도 무조건 나가자고 조르던 아버지가 뒷자리에 앉아있는 것 같아 자꾸 눈이 간다. 초록색이 이토록 슬플 수 있다는 것을 처음으로 느낀다.

자식들의 울음소리를 뒤로하고 아버지의 관이 천천히 불길 속으로 사라진다. 무더운 여름에 세상으로 와서 가장 뜨거운 계절에 아버지는 돌아올 수 없는 곳으로 떠났다. 딸에게 셀 수 없이 많은 추억과 사랑을 선물한 것도 모자라 마지막까지 병수발 한 번 시키지 않고 눈을 감았다.

한 사람의 일생이 소멸하는 과정을 지켜보는 일은 허무하기만 했다. 겨우 두 시간 만에 가족들 앞으로 유골함 하나가 나온다. 팔십오 년 아버지 역사의 종착점이 된 작은 항아리다. 아버지와 우리를 이어주는 마지막 끈인 동시에 차가운 벽으로 경계를 짓는 항아리를 받아 들고 가슴이 먹먹해진다.

　주차장으로 돌아와 차에 가로질러 놓은 검은 리본을 벗긴다. 불어온 바람에 검은 리본 자락이 펄럭인다. 걱정 말고 씩씩하게 지내라는 아버지의 마지막 인사일까.

　"아버지, 하늘 위에서 원 없이 드라이브 다니세요."

슬픔의 유효 기간

슬픔이라는 녀석은 신출귀몰하는 재주가 있는 것이 분명하다. 평소에는 그림자도 얼씬하지 않다가 느닷없이 출몰해 눈물 한 바가지를 뿌려놓고 유유히 사라진다. '슬프다'와 '짓궂다' 사이에는 보이지 않는 공통분모가 존재하는 듯하다.

이번에는 드라마 속에서 불쑥 튀어나왔다. 주인공이 응급실에 있는 엄마를 만나러 가는 장면을 보다가 갑자기 눈앞에 안개가 자욱하다. 화면에서 흘러나오는 구급차 소리가 몇 달 전 아버지가 탄 구급차를 뒤따라가던 그날의 기억을 기어이 끄집어내고 만다. 방금 전까지만 해도 가볍게 웃으며 보던 드라마였는데 연신 흘러내리는 눈물과 콧물을 제어할 수가 없다.

사람은 나이를 먹을수록 감정이 무디어진다고 한다. 예전의 나와 지금의 내 모습을 비교하면 어느 정도 공감이 간다. 낙엽이 굴러가는 풍경만 보아도 깔깔거리고, 친구의 싱거운 농담 한 마디에 배가 당길 정도로 웃느라 정신이 없었던 시절이 나에게도 있었다. 그 소녀가 중년이 된 지금, 웃음을 참을 수 없어 배꼽을 잡았던 일이 언제인지 기억이 잘 나지 않는다. 바꾸어 말하면 웬만한 일에는 크게 동요하지 않을 정도로 감정 조절에 노련해졌다고 할까.

기분 나쁜 일 앞에서도 마찬가지다. 예전에는 상처를 받거나 마음이 상하는 일이 생겼을 때 평정심을 찾기까지 꽤 오랜 시간이 필요했다. 심장 깊은 곳까지 딱지가 앉고 흉이 생겨 쉽사리 아픈 감정이 가시지 않아 전전긍긍하곤 했다. 그런데 언젠가부터 그런 감정도 전처럼 오래 가지 않는다. 처음에는 상심했다가도 어느 순간 일상에 파묻혀 자연스럽게 묻어놓고 지낸다. 세월이 흐르는 동안 마음에도 단단한 맷집이 생긴 모양이다.

말랑말랑하게 가슴이 두근거리는 일도 점점 줄어든다. 좋아하는 가수의 노래 한 소절만 들어도 자동으로 튀어나오던 '꺅 하는 탄성 대신 말없이 미소를 짓는다. 내가 주인공이라도 된 듯이 상대역을 사랑하기도 했다가 때로는 원망하며 감정을 몰입해서 보던 드라마도 옛날 얘기다. 이제는 아무리 멋진 남자 주인공이 나와도 멀찌감치 물러나서 방관자의 눈으로 담담하게 지켜볼 뿐이다. 담벼락을 타고 오르는 오월의 장미를 보아도 가슴이 붉게 물드는 설렘보다는 또 한 계절이 지나가는구나 하는 덤덤한 감정이 먼저 찾아온다. 나이와 감성이 반비례하는 공식을 비껴갈 수 있을 것이라고 자신만만했는데 생각보다 쉬운 일이 아니다.

　사람의 감정에도 유효 기간이 정해져 있을까. 기쁨, 노여움, 설렘 같은 감정은 예전보다 훨씬 유효 기간이 짧아진 것을 느낀다. 기쁜 소식 앞에서 마냥 즐거워하는 기분도 얼마 가지 못하고, 나쁜 일도 전보다 빨리 머리에서 지워버린 채 지내고 있으니 말이다. 특히나 설레는 감정에 매겨진 유효 기간은 세월이 갈수록 짧아지는 것 같다.

　그럼에도 슬픔이라는 감정만은 예외다. 겨우 다독여서 가슴 깊숙한 곳에 잘 묻어놓았다고 생각했는데 불쑥 솟아나 눈물을 빼는 것을 보면 말이다. 시간이 지날수록 기억은 희미해질지 몰라도 슬픔의 깊이는 더 커진다는 사실을 예전에는 미처 알지 못했다. 큰 풍파를 겪지 않고 살아서 이제껏 슬픔의 실체를 제대로 모르고 지냈기 때문인지도 모른다.

　오늘처럼 소리소문 없이 웅크리고 있다가 느닷없이 튀어나올지 모를 슬픔이라는 녀석을 다시 꾹꾹 접어서 밀어 넣는다. 차를 타고 가다가 문득 오후의 햇살 너머로 나타나기도 하고, 아직 그 자리에 있는 아버지의 빈 침대 위에서 웅크리고 있기도 할 것이다. 어쩐지 횅해 보이는 어머니의 뒷모습 위에 겹쳐 있기도 하겠지. 지금 느끼는 슬픔이 언젠가는 그리움이라는 색으로 조금씩 변해갈지도 모르겠지만 유효 기간은 더 길어질 것 같은 예감이다.

손의 표정

　손은 또 하나의 언어다. 손을 보면 그가 살아온 내력을 짐작할 수 있다. 말로 다 하지 못한 한 사람의 일생을 손이 안내도가 되어 그 흔적을 일러준다.
　나는 지금 문경석탄박물관에 서서 마른 논바닥처럼 갈라진 어느 광부의 손을 눈으로 쓰다듬고 있다. 사진 속의 손등 위에는 힘겹게 살아온 그늘진 시간이 새겨져 있다. 고된 노동에 시달리느라 닳아 없어진 손톱에 검은 시간의 때가 퇴적되어 있다. 잠시의 휴식처럼 깍지를 낀 두 손에서 어둠을 묵묵히 견디어 내야 하는 가장의 책임감과 두려움을 동시에 읽는다. 한때는 힘차게 꿈틀거렸을 밧줄 같은 힘줄은 주름살에 덮여 희미해졌다. 뜨거운 청춘이 깎여나가고 초라한 몸피만 남은 광부의 손이 내내 눈길을 붙든다.

광부들에게는 두 개의 하늘이 존재한다고 한다. 고된 하루 일과를 마치고 나와서 올려다보는 하늘은 우리가 아는 자연의 하늘과 같다. 다른 점이 있다면 출근할 때 보는 하늘이 마지막이 아니기를 비는 마음이기 때문에 매 순간 간절하게 올려다보는 하늘이다. 또 하나의 하늘은 갱도의 천장이다. 검은 탄광의 천장은 밤하늘과 닮았지만 결코 낭만적인 그림은 아니다. 일이 힘에 부칠 때마다 땀을 훔치며 보았을 생존의 하늘이다.

탄광일은 노동 강도가 높은데다 항상 크고 작은 사고에 노출된 환경이다. 멀쩡하게 들어왔다가 실려 나가는 사람이 부지기수로 생기는 터라 늘 살얼음판을 걷는 심정일 수밖에 없다. 도시락밥을 쌀 때는 절대로 네 주걱을 담지 않았고, 간밤에 꿈자리가 어수선하다 싶으면 출근을 꺼렸다. 아내들은 남편이 출근하고 나면 신발의 머리를 방 쪽으로 향하게 두었다. 부부싸움이 있었던 날에는 갱에 들어가는 것을 피했다. 시한부 선고를 받지만 않았지 당장 내일을 기약할 수 없는 하루살이 같은 처지였기에 사소한 불씨도 만들지 않으려고 조심했다.

땅속에 있다는 것은 육체적 고통과 정신적 고통을 견디는 일이다. 단순히 몸과 마음이 적응하는 차원을 넘어 탄광이라는 환경에 맞추어 새로운 몸과 마음으로 태어난다는 마음을 가져야만 광부로 살아남을 수 있었다.

광부들의 생활을 생생하게 재현해 놓은 전시물을 둘러보다 떠오르는 장면이 있다. 언제까지나 옆에 있을 줄 알았던 여든다섯의 아버지가 지난달에 하늘로 떠나셨다. 아버지가 위독하다는 소식을 듣고 병원에 도착했을 때는 이미 눈을 감은 후였다. 뜨거운 눈물방울을 하염없이 떨구어도 손은 끝내 온기를 찾지 못한 채 굳어갔다.

입관식 때 마지막으로 아버지의 손을 잡았다. 내가 기억하는 한 자식으로서 아버지의 손을 가장 오랫동안 잡아본 순간이었다. 나는 사십 년이 넘는 세월 동안 한 번도 아버지의 손을 눈여겨 살펴본 적이 없었다. 앞으로는 볼 수도, 만질 수도 없을 아버지의 손이기에 점 하나, 주름살 하나까지 눈에 새겨 넣었다. 아버지의 지난날이 여러 겹의 주름으로 흩어진 손이었다. 검버섯이 내려앉은 손은 인생의 겨울을 쓸쓸하게 보낸 아버지의 시간을 닮았다. 피가 돌지 못하는 힘없는 손, 나무껍질 마냥 물기 없는 촉감이 낯설었다.

아버지는 나라의 녹을 먹는 공무원이었다. 정년을 한참 남겨둔 시점에 산불을 막지 못해 갑자기 옷을 벗었다. 공직의 울타리를 벗어나 세상이라는 어두운 터널에 들어선 아버지는 여섯 식구의 밥그릇을 채울 양식을 구하느라 마음이 급했다. 친척의 소개로 퇴직금을 몽땅 털어서 작은 운수업을 시작했다. 환한 곳에서만 지냈기에 시야가 좁고 어두웠던 아버지는 얼마 지나지 않아 가진 돈을 털고 빚까지 떠안는 바람에 한동안 가족들이 뿔

뿔이 흩어져 지내야 했다. 그 무렵 아버지는 늦도록 잠을 이루지 못하고 컴컴한 하늘을 향해 깊은 한숨을 토해냈다.

한때는 얼마나 든든하고 따뜻한 손이었던가. 어렸을 때 두툼한 손 위에 내 고사리 손을 올려놓고 아버지의 발등 위에 올라가 방 안을 걸어 다니는 놀이를 즐겼다. 발등 위에서 중심을 잃어 휘청거리면 맞잡은 아버지의 손이 나를 지탱해 주었다. 손은 울타리였고, 믿음이었다. 그토록 아낌없는 사랑을 주었던 손을 까맣게 잊어버리고 살았다. 딸이 잡고 있는 것도 느끼지 못하는 지금에서야 손을 어루만지며 회한의 눈물을 쏟을 뿐이었다.

다시 사진 속 검은 손 앞에 선다. 한 장의 사진이 백 마디의 말보다 더 많은 이야기를 담고 있다. 여러 번 보아도 볼 때마다 다른 색으로 사연을 들려주는 손이다.

손에도 표정이 있다. 남몰래 흘렸을 검은 눈물이 손가락 사이로 깊은 계곡을 만들어 놓았다. 세상의 뒤편으로 물러나 멀찍감치 있는 자식을 바라보는 아버지들의 쓸쓸하고 희미한 미소가 검고 주름진 손에 어려 있다.

2
미소 짓다

이모티콘의 매력에 흠뻑 빠져 지내다 보니 수필과 이모티콘이 퍽 닮아 보인다. 한 조각의 사소한 감정을 가지고도 부품하게 만들어 글을 읽는 사람들에게 작은 웃음을 줄 수 있다면 얼마나 좋을까.

- 이모티콘 수필

- 부산 사람

- 명품 가방

- 반전

- 마지막 친구

- 엄마 왔다

수필은 이모티콘이다

 보면 볼수록 웃기는 녀석이다. 부끄럽지도 않은지 엉덩이를 냅다 들이밀고 살랑살랑 흔들어 대는가 하면, 고맙다고 꾸벅 허리를 숙여 인사도 한다. 슬플 때는 닭똥 같은 눈물을 손등으로 훔치며 세상에서 가장 불쌍한 표정을 지은 채 감정을 숨기지 않는다. 자존심은 어디에 팔아먹었는지 미안하다고 할 때는 손발이 없어지도록 비벼댄다. 건조하고 딱딱한 글자만으로는 세심하게 전달되지 않는 감정의 결을 오버액션으로 전달해 주는 이모티콘이야말로 문자 메시지에서 빼놓을 수 없는 약방의 감초다.

 처음에는 방정을 떠는 이모티콘이라는 존재가 조금 낯설게 다가왔다. 특히 나이가 많은 사람에게 문자를 보낼 때는 자칫 버릇이 없어 보이지 않을까 싶어 망설여지기도 했다. 자주 보면

정이 든다는 것은 사람에게만 한정된 말이 아니었다. 동호회 모임의 단체 대화방에서 이모티콘이 등장하는 횟수가 잦아지고 눈에 익으면서 방정맞아 보이던 녀석들이 점점 귀여워 보이기 시작했다. 더구나 흩어진 자음 모음을 찾아 더듬거릴 시간에 간편하게 버튼 하나만 누르면 신속하게 열 마디 말보다 훌륭하게 표현해 주니 편리하기까지 했다.

나는 평소에 빈말을 잘 하지 못한다. 마음에 없는 말을 일부러 꾸며서 하지 못하고 내 감정과 다른 말을 입 밖으로 꺼내려면 스스로 거부감이 올라온다. 내가 가진 마음이나 생각을 조금 더 포장해서 전하면 서로 기분이 좋을 텐데 예쁘게 꾸며서 전달하는 재주가 없다. 애교가 한 톨도 없어서 콧소리를 섞거나 혀 짧은 소리를 내는 것이 영 체질에 맞지 않다. 다른 사람이 애교를 부리는 소리를 듣기만 해도 괜히 닭살이 돋는 전형적인 경상도 스타일이다.

이렇게 무뚝뚝한 성격이다 보니 표현에도 인색한 편이다. 누구에게 신세를 지거나 도움을 받아도 "고맙다"는 단어 이상으로 내 마음을 대신할 말을 찾지 못한다. 미안하다는 사과의 표현은 입안에서 맴돌다 삼켜버릴 때가 많아서 핀잔을 들을 때도 있다. "고맙다", "미안하다", "사랑한다" 세 마디만 적절하게 써도 인간관계에 반지르르 윤기가 흐른다는 것을 잘 알면서도 막상 내 입으로 매끄럽게 옮기기가 힘들었다.

그런 내가 이모티콘을 앞세우면서부터 예전보다 감정 표현이 조금 수월해졌다. 백 마디 말보다 그림말이 보여주는 행동 하나가 더 전달력이 큰 것 같다. 구구절절 감사하다는 글자를 쓰지 않아도 내 대신 고마워 죽겠다는 몸짓으로 애교를 떨어주니 얼마나 기특한 존재인가. 실수를 해서 여러 사람들에게 민망하고 미안한 상황에서도 이모티콘이 앞장서서 고개를 조아리고 온몸을 배배 꼬아 대역죄인 행세를 하고나면 죄책감도 조금 덜어지는 기분이 들었다. 내가 미처 표현하지 못한 감정을 조금 더 부풀려서 전달하니 듣는 사람도, 나도 대화가 훨씬 따뜻해졌다.

반대로 내 감정을 숨기고 싶을 때도 이모티콘을 찾게 된다. 마음 상하는 일이 생겼을 때, 그것을 콕 집어서 표현하면 나 혼자 속 좁은 사람이 되고 마는 애매한 상황에 처할 때가 있다. 그럴 때 이모티콘 뒤에 숨어서 서운한 마음은 감추고 밝은 표정에 기대어 "안녕", "알았다" 등의 말로 감정의 마침표를 찍기도 한다. 그러고 나면 신기하게도 조금 전의 서운하고 속상한 마음이 한풀 사그라들었다. 이모티콘이 내 감정의 대리인인 줄 알았는데 가끔은 그를 통해 내 기분이나 행동이 바뀌기도 하니 희한하다.

나에게는 수필이 바로 마음을 드러내는 이모티콘이 아닐까 싶다. 수필을 쓰다 보면 지나간 시간들을 소환해 곱씹어 보는 순간이 찾아온다. 지나간 시간을 되감아 문장으로 옮기다 보면 재미있었던 순간, 눈물 나게 슬펐던 기억, 전하지 못한 미안한 마음이 새록새록 떠오른다. 미처 전하지 못했던 내 마음을 한 발 늦게 담은 것이 나의 수필이다.

그렇다고 수필을 쓸 때마다 나에게 유리하고 좋은 기억만 꺼내어 쓸 수도 없는 노릇이다. 덮어둔 채 지나가고 싶었던 부끄러운 과거나 내가 잘못한 일들을 수필을 통해 들추어냄으로써 앞으로는 그러지 말아야 하겠구나 하고 반성하는 기회로 삼기도 한다. 내 잘못이 아니라고 생각하고 넘겼던 일도 나중에 돌이켜보면 왜 그랬을까 싶을 정도로 얼굴이 뜨거워진 적이 한두 번이 아니었다. 제때 사과를 전하지 못하고 얼렁뚱땅 덮어버린 일을 문장으로 옮기면서 다시는 비슷한 실수를 저지르지 말자고 마음을 다잡는 계기가 되기도 한다.

가끔씩 여러 장르 중 왜 하필이면 수필에 콩깍지가 씌었을까 하는 생각을 한다. 수필이라는 글은 원하든 원하지 않든 '나'를 뺄 수도, 지울 수도, 감출 수도 없는 분야다. 오래전, 일기장에 나 혼자만의 이야기를 적으면서도 언젠가 누군가에게 들키는 것을 의식하며 조심했던 기억이 난다. 수필을 쓰면서도 그 옛날 일기장을 적을 때처럼 누군가 나를 들여다보고 있는 듯한 기분이 드는 순간이 있다. 그러다보니 낱말 하나를 고르면서도 무척 조심스럽다. 아무리 두터운 사유의 옷을 입혀 놓아도, 내가 아니라 다른 사람을 주인공으로 내세운 글이라 해도 수필에서는 그 글을 쓴 작가가 드러날 수밖에 없다. 그래서 쓰면 쓸수록 수필이 더 어렵게 다가온다. 그러나 이미 눈이 맞았고 가슴이 통해 버렸으니 이제 와서 어쩌랴. 어차피 헤어질 수 없는 사이라면 앞으로 어떻게 지낼 것인가를 고민하는 편이 정신건강에도 훨씬 이로울 것이다.

  이모티콘의 팔색조 매력에 흠뻑 빠져 지내다 보니 수필과 이모티콘이 퍽 닮아 보인다. 한 조각의 사소한 감정을 가지고도 부품하게 만들어 글을 읽는 사람들에게 작은 웃음을 줄 수 있다면 얼마나 좋을까. 울컥 솟아오르는 정제되지 않은 감정의 덩어리도 거칠게 풀어놓을 것이 아니라 이모티콘처럼 의뭉스럽게 넘길 수 있는 내공을 쌓고 싶다. 가슴이 보내는 소리에 충실하되 주절주절 늘어놓지 않고 산뜻하고 깔끔하게 보여주는 이모티콘처럼 한 장면으로 여러 감정을 보일 수 있는 수필을 쓰고 싶다.

부산 사람

부산은 내가 태어나고 자란 양산과는 팔을 뻗으면 닿을 정도로 붙어 있다. 워낙 가까운 거리라 그런지 예전부터 낯선 도시가 아니었다. 마침 외삼촌과 이모가 부산에 살고 있어서 어릴 때부터 가족 행사 때 드나들 일이 잦았다.

부산에 있는 대학에 진학하면서 양산보다 부산에 머무르는 시간이 더 많아졌다. 사 년 동안 매일같이 양산과 부산을 오가면서 기분상으로 나도 반쯤은 부산 사람이라는 착각이 들기도 했다. 짓궂은 선배들은 시외버스를 두세 번 갈아타고 학교에 오는 나를 '촌사람'이라고 놀려댔지만 속으로 나도 반쯤은 부산 사람이라고 자부했다. 친구들과 옷을 사는 단골 가게도, 데이트할 때 즐겨 찾는 아지트도 모두 부산에 있어서 정서적으로는 부산이 홈그라운드나 다름없었다.

결혼을 하고 나서 남편의 직장이 있는 울산에 터를 잡았다. 울산도 부산과 가까운 거리에 있어서 가끔 부산으로 가족나들이를 갔다. 바다는 울산에도 있지만 특별한 날에는 왠지 화려한 해운대 바다에 가야 여행 기분이 나는 것 같았다. 인생에서 가장 꽃 같은 청춘의 흔적이 많이 남은 도시라 더 마음이 갔다. 나중에는 오빠네가 부산에 자리를 잡으면서 부쩍 놀러갈 일이 많아졌고, 매력적인 야경에 매료되어 결국 부산으로 터전을 옮기기에 이르렀다.

얼마 전 제사 때의 일이다. 대구에서 기차로 부산에 도착해 지하철을 타고 오는 시아버님이 평소 오던 시간보다 조금 일찍 집에 도착했다. 현관문을 들어서는 시아버님 얼굴이 유난히 밝아 보여 좋은 일이라도 있냐고 여쭈니 지하철역에서 집까지 공짜로 차를 얻어 타고 왔다는 것이었다. 어느 때처럼 지하철에서 내렸는데 어느 출구로 나가야 하는지 기억이 안 나 지나가는 사람에게 물었더니 대뜸 자기를 따라 오라더란다. 그 사람을 따라가니 주차장이 나왔고, 행선지가 같으니 태워주겠다면서 차를 타라고 했다는 것이다. 시아버님 입에서 "부산 사람들 참 인정 있다." 소리가 나올 정도면 대단한 찬사다.

부산에서 지내면서 느끼는 이곳 사람들의 특징은 처음 보는 사이라도 마음의 벽이 높지 않다는 것이다. 부산으로 이사 하려고 마음먹고 아파트를 보러 갔을 때였다. 그 집에 살고 있는 사람은 자기도 같은 아파트 옆 동으로 집을 사서 이사한다며 살갑게 말을 걸었다. 몇 마디 나누다 보니 마침 둘째 아이들끼리 같은 나이였다. 작은 공통분모 하나로 선뜻 인테리어 업체도 소개해 주고, 멀리 사는 나를 대신해 우리 집의 수리 상황을 점검해 전화로 알려주기도 했다. 이사를 오고난 후에는 어느 학원이 좋은지, 어떤 중국집의 음식을 시켜야 맛이 있는지 하나하나 귀띔해 주어서 큰 시행착오를 거치지 않고 적응할 수 있었다.

시장이나 마트에 가면 처음 보는 사람들이 말을 걸어오기가 예사다. 과자 코너에서 간식을 담고 있으면 나이 드신 아주머니가 "우리 손자 줄 건데 요새는 뭐가 맛있노?" 하면서 묻는다. 나도 스스럼없이 요즘 아이들이 이 과자를 좋아한다며 몇 개 골라준다. 생선 매대 앞에서 아리송한 눈빛을 하고 서 있으면 옆에서 장을 보던 아주머니가 "새댁, 이놈이 훨씬 싱싱하데이." 하면서 선뜻 골라주기도 한다. 뷔페식당에 가서 접시에 맛있는 음식을 담아서 테이블로 걸어가고 있으면 지나가던 사람이 그 음식은 어느 쪽에서 가지고 왔느냐고 물어보기도 하고, 반대로 내가 맛없는 음식을 접시에 담고 있으면 묻지도 않았는데 그 음식은 별로라고 말리기도 한다. 부산에서 지내다보면 타인에 대한 마음의 거리가 가장 가까운 도시라는 생각이 저절로 든다.

부산 사람들은 화끈하기로 유명하다. "됐나? 됐다." 한 마디면 이해 못할 일이 없어 보인다. 부산 사람들의 화끈한 성격은 사직야구장에 가 보면 금방 확인할 수 있다. 응원하는 팀의 선수가 실수를 하면 잡아먹을 듯이 고함을 지르며 욕을 퍼붓다가도 경기가 끝날 때까지 자리를 뜨지 않고 끝까지 박수를 보내는 응원객을 쉽게 만날 수 있다. 응원팀이 점수를 올리면 처음 만난 사이라도 옆 사람과 하이파이브를 나누면서 승리의 기쁨을 나눈다. 사직야구장의 압권은 관중석에 파울볼이 날아오는 순간이다. 누군가가 어렵게 파울볼을 손에 넣으면 옆에서 "아 주라!"고 난리다. 어른이 공을 잡으면 그 주변에는 이미 꼬마들이 몰려와서 당당한 눈빛으로 공을 달라며 기다리고 서 있다. 나도 예전에 아이가 어렸을 때 야구장에 데리고 갔다가 내 옆자리의 아저씨가 공을 잡는 바람에 어부지리로 공을 얻은 경험이 있다. 내가 먼저 달라고 하지도 않았는데 우리 아이를 본 아저씨가 씨익 웃으며 고사리손에 공을 쥐여 주었다.

'의리' 하면 또 빠질 수 없는 곳이 부산이다. '우리가 남이가!'를 외치며 한 번 같은 편이 되면 확실하게 밀어준다. 그래서 큰 선거가 있을 때면 중앙의 정치인들도 부산의 민심이 어느 방향으로 쏠리는지 촉각을 곤두세우며 부지런히 달려온다. 거창하게 표심을 들먹이지 않더라도 일상에서도 의리 있는 사람들을 만나기가 어렵지 않다.

얼마 전, 빗길을 달리던 유치원 차가 미끄러져서 전복되는 사고가 일어났다. 나중에 공개된 동영상에서 차가 넘어진지 30

초도 지나기 전에 지나가던 시민들이 우르르 달려와 자기 차에서 유리를 깰 장비를 가져와 아이들을 무사히 구조해서 화제가 되었다. 부산 시민들은 아이들을 안심시키고 아이들을 안전지대로 옮긴 후 구조대가 도착하자 말없이 자리를 떴다. 시민들이 자발적으로 사고를 수습하는 영상이 전국 뉴스에 오르내리며 부산 사람들의 의리가 제대로 빛을 발했다.

지금껏 부산에서 지내온 시간보다 앞으로 부산에서 보내게 될 시간이 훨씬 길다. 정 넘치는 부산 사람들 속에 어우러지다 보면 나도 누군가에게 '부산아지매'의 온기를 나누어 줄 수 있는 날이 오지 않을까.

명품 가방

씨익~

　운이 따랐는지 상을 받는 행운이 찾아왔다. 수상자가 된 기쁨도 잠시, 하필이면 시상식 날에 딱 맞추어 초강력 태풍이 올라온다는 뉴스가 들려왔다. 시상식장이 차로 3시간을 가야 하는 지역이고, 태풍이 상륙하는 경로와 가까운 곳이어서 이만저만 걱정이 아니었다. 고심 끝에 태풍보다 하루 먼저 올라가기로 하고 급히 방을 잡았다.
　어머니와 언니를 차례로 태우고 대전으로 향했다. 나무 뿌리가 뽑히고 자동차가 날아갈 정도로 위력적인 태풍이라는 보도에 겁을 먹어 일찍 출발하는 바람에 예정에 없이 낯선 곳에서 하룻밤을 보내게 된 것이다. 보너스처럼 주어진 시간이 상을 받는 것만큼이나 마음을 설레게 했다. 세 모녀가 얼굴을 맞대고 이야기보따리를 풀어 놓으니 어떻게 갔는지도 모르게 시간이 지나갔다.

다음 날, 새벽부터 호텔방 안이 야단법석이었다. 태풍 덕분에 일찍 와서 꽃단장을 할 여유가 생겨서 서로의 옷을 봐 주며 품평회를 열었다. 어머니는 시상식 나들이를 위해 마음 먹고 옷을 한 벌 장만했다. 평소 입지 않던 화려한 스타일의 원피스였다. "다른 사람들이 보면 내가 수상자가 아니라 엄마가 주인공으로 보이겠어요."라는 말에 세 사람이 한바탕 웃었다. 언니도 친척의 결혼식장에 입고 가려고 백화점에서 장만한 원피스를 고이 챙겨왔다.

정작 상을 받는 나는 평범한 옷 두 벌을 가지고 갔다. 한 벌은 오 년 전 행사 때 입으려고 샀던 옷이고, 다른 한 벌은 일상에서 편하게 입으려고 산 옷이었다. 좋은 일이 생겼을 때 옷 한 벌도 준비하지 않고 뭐했냐는 핀잔 속에 인터넷에서 산 블라우스가 낙점을 받았다. 그나마 최근에 산 블라우스여서 색감은 예쁘지만 인터넷 쇼핑몰에서 주문한 옷이라 고급스러운 느낌은 아니었다. 그래도 공을 들여 화장을 하고 머리를 만진 후에 옷을 입었더니 그럭저럭 봐 줄 만했다.

기분 좋게 식을 마치고 돌아가는 길에 언니가 불쑥 가방 이야기를 꺼냈다. 오늘 행사장에서 내 가방이 영 태가 나지 않더라는 것이다. 다른 테이블을 둘러보니 제법 이름 있는 명품 가방이 많이 보여서 더 비교가 되더란다. 마침 언니에게 좋은 가방이 하나 있으니 나더러 메고 다니라는 것이 아닌가.

"나는 괜찮으니 언니가 써."

"출퇴근 때는 들고 다니지도 못해. 네가 들고 다닐 일이 더 많을 것 같으니 가져 가."

알고 보니 그 가방에는 숨은 이야기가 있었다. 몇 년 전 어머니가 퇴직을 할 때 아버지가 큰마음 먹고 선물한 가방이었다. 삼십 년 가까이 좁은 사무실에서 먼지를 마시며 우편 일을 했던 어머니의 고생에 보답하는 의미로 아버지가 가진 쌈짓돈을 몽땅 털었다. 의미가 있는 소중한 가방이라 어머니는 아낀다고 두어 번 쓰고는 장롱 속에 넣어 두었다. 가방을 모셔만 놓자니 아까워서 큰딸을 불러서 메고 다니라고 주었다. 쉰을 넘긴 나이까지 직장 생활을 하면서도 여태껏 이름 있는 가방 하나 없는 딸이 안쓰러워 양보한 것이었다. 언니는 언니대로 어머니에게 받은 소중한 가방을 아끼느라 몇 번 들지도 않고 고이 모셔 놓았다.

언니는 말 나온 김에 당장 가져 가라며 집에 올라가서 가방을 내 손에 들려 주었다. 내가 입은 옷 색깔과 가방의 색이 세트처럼 어울렸다. 가방 주인이 따로 있었다며 웃는 언니를 보니 고마우면서도 미안한 마음이 들었다.

명품의 기준은 무엇일까. 누가 들어도 알 만한 이름난 디자이너가 만든 값비싼 브랜드의 로고가 박히면 대체로 명품이라고 생각한다. 오랫동안 이어온 장인의 이름이 곧 브랜드가 되어 폼나는 로고로 박힌 가방은 누구나 한 번쯤 들고 싶어 하는 소위 말하는 명품 가방이다. 나 역시 명품이라는 단어를 떠올리면 백화점 일층의 목 좋은 자리에서 비싼 임대료를 내고 있는 브랜드가 저절로 연상이 된다.

가방에 달린 가격표보다 더 중요한 명품의 기준이 있다는 것을 오늘 알았다. 가장의 짐을 나누느라 칠순이 넘는 나이까지 생활 전선에서 뛴 아내를 바라보는 애틋한 마음, 아이 셋을 키우느라 직장 일을 놓지 못하고 종종거리는 딸을 지켜보는 안쓰러운 마음, 번듯한 가방도 없이 행사장에 참석한 동생을 안타깝게 생각하는 세 개의 마음이 작은 가방 하나에 가득 담겨 있다. 그 색깔과 농도는 조금씩 다르지만 '사랑' 이라는 공통분모는 같다. 오늘은 세상에서 가장 특별한 명품 가방이 생긴 잊지 못할 날이다.

반전

　'재크와 콩나무'는 하늘에 닿도록 자란 마법의 콩나무에서 벌어지는 모험담이다. 친구들이 흥미진진하게 이야기를 들을 때 나는 남들처럼 웃지 못했다. 하늘 높은 줄 모르고 위로 자라는 콩나무가 나와 닮은 것 같아 재미는커녕 한숨이 나왔다. 누가 내 몸에 마법의 콩을 심어 놓았는지 어린 시절 나는 또래들보다 빠른 속도로 키가 자랐다. 봄까지만 해도 잘 맞았던 바지가 가을에 꺼내 입으면 복숭아뼈가 보이는 길이로 변하곤 했다. 입이 짧아 밥상머리에서 수저를 깨작거리는데도 수제비 반죽 늘어나듯 몸이 길어지니 희한한 노릇이었다.

　초등학교 입학식 날에는 키 때문에 주목을 받았다. 친구들보다 머리 하나가 차이 날 정도로 삐져나와 있었다. 가슴에 단 하얀 손수건이 무색할 만큼 신입생치고 얼굴도 조숙한 편이었다.

식에 참석한 부모들이 "도대체 저 애가 일학년이 맞냐?"고 수군거리는 소리가 내 귀에까지 들려왔다. 그 말을 듣고 얼굴이 빨개지다 못해 귀까지 붉게 물들었다. 잘못한 것도 없는데 괜스레 주눅이 들어서 고개를 숙이고 운동장 모래알만 셌다.

학년이 올라갈수록 평균을 한참 웃도는 키 때문에 불편한 일이 한두 개가 아니었다. 다른 반에서도 나를 모르는 학생이 없었다. 이름은 모르더라도 '키다리'라고 하면 자연스레 나를 떠올릴 정도였다. 키다리, 전봇대, 꺽쇠, 거인 등 길쭉한 것을 나타내는 별명은 모조리 내 차지였다. 칠판 글씨가 잘 보이는 앞자리에는 한 번도 앉을 기회가 없었다. 키 순서대로 매긴 번호는 항상 마지막이어서 혼자 앉지만 않아도 고마울 일이었다. 인원이 홀수로 끝나면 나는 짝지도 없이 교실 맨 뒤에서 외톨이 신세가 되었다. 체육 시간에 둘이서 짝을 이루어서 하는 게임을 할 때는 나 혼자만 짝이 없거나 남학생이랑 파트너가 되는 일도 부지기수였다. 멋있다고 생각했던 남학생이 있어도 나보다 키가 작았기 때문에 어울리지 않는다는 자격지심에 마음을 표현해 보지도 못했다. 집에서조차 여자애가 장대처럼 커서 어쩌겠느냐고 걱정을 해서 안팎에서 상처를 받았다.

우리 부모님은 평균을 넘지 않는 신장이었다. 보통 키 유전인자는 어디에 가고 나를 이렇게 낳았을까 원망도 했지만 그런다고 키가 줄어들 리 없었다. 궁여지책으로 조금이라도 작아 보이고 싶어서 목을 앞으로 빼고 어깨를 구부리고 다녔다. 일 센티라도 내려가 친구들과 눈높이를 맞추려고 발버둥을 쳤다.

중학교에 입학한 후로 성장 속도가 차츰 느려졌다. 끝없이 자랄 것 같던 키가 170센티 언저리에서 멈추어서 얼마나 다행인지 몰랐다. 그 무렵, 개그 프로그램 중에서 롱다리와 숏다리라는 캐릭터가 히트를 쳤다. 말쑥하게 생긴 신인 개그맨이 자신의 긴 다리를 뽐내며 롱다리 캐릭터를 멋지게 소화한 덕에 대중들이 갑자기 큰 키에 관심을 가지기 시작했다. 전까지만 해도 키 큰 사람은 싱겁다는 둥 지나치게 큰 키는 마이너스라는 인식이 짙었는데 그 코너가 인기를 끌어서인지 롱다리를 선망하는 분위기가 생겨났다.

금세 변화의 바람이 불었다. 전에는 안 됐다는 듯이 나를 보던 시선이 달라졌다. 아담한 키의 친구들이 부쩍 말을 걸어왔다. 주전부리를 건네며 "너처럼 키 크려면 뭘 먹어야 해?"라고 물어왔다. 내 키를 부러워하는 사람이 생기다니 별일이었다. 학교에서 키를 잴 때 조금이라도 커 보이려고 발꿈치를 드는 친구들도 많아졌다. 태어나서 처음으로 키가 큰 것이 그렇게 나쁜 일만은 아니라는 생각을 했다.

대학생이 되고 나서는 내 키를 부러워하는 사람이 더 많아졌다. 처음 만나는 선배나 친구들이 하나같이 "너는 키가 커서 좋겠다"라며 부러움 섞인 인사를 건넸다. 소개팅으로 만난 남편은 나를 처음 보았을 때 시원하게 큰 키가 마음에 들었다고 했다. 힐을 신지 않았는데도 늘씬해 보여서 호감지수가 올라갔다나. 만약에 내 키가 지금보다 한참 작았더라면 소개팅의 결말은 다른 방향으로 흘러갔을지도 모를 일이다.

아줌마가 된 지금은 키 프리미엄을 톡톡히 누리며 지낸다. 싱크대 맨 위쪽 선반에 물건을 넣고 뺄 때 의자의 도움을 받지 않고 쉽게 해결한다. 학부모 모임에 나가면 단골 레퍼토리가 아이들 키에 관한 이야기다. 키가 안 커서 줄넘기를 시킨다거나 성장 클리닉에 다닌다는 고민이 도마에 오르면 나는 이따금씩 기계적으로 고개만 끄덕이고 앉아 있다. 옷을 살 때 기장 수선을 할 필요가 없어서 바로 입을 수 있다. 사춘기를 핑계 삼아 아이가 건방지게 눈을 흘길 때면 내 눈높이가 더 높으니 밀리지 않고 레이저를 한 방 날려줄 수 있는 것도 키 큰 엄마로서 누리는 작은 보너스다. 한동안 지긋지긋하게 나를 괴롭히던 약점이 이제는 장점으로 바뀌어서 톡톡히 덕을 보고 있으니 인생이란 알다가도 모를 일이다.

한솥밥을 먹고 자란 우리 언니는 나보다 한 뼘 이상 키가 작은 아담한 체격이다. 어린 나에게는 언니의 키가 선망의 대상이었는데 이제는 언니 키를 닮은 조카가 나를 보며 부러워하니 격세지감이다. 이만하면 키다리의 반전이라고 불러도 좋지 않을까. 하도 움츠리고 다녀서 구부정해진 어깨를 이제부터라도 좀 펴고 다녀야겠다는 생각이 든다. 내 어깨에 부쩍 힘이 들어간 것이 보였는지 언니가 슬쩍 웃으며 한마디 보탠다.

"그런데 그거 아나? 나중에 요양병원 가면 키 큰 사람을 싫어한대. 키 크다고 마냥 좋아할 것도 아니다."

이런! 반전은 아직 끝나지 않았다.

마지막 친구

팔순의 어머니에게 특별한 친구가 생겼다. 누군가를 만나 새로운 인연을 맺는 것보다 떠나보내는 것이 자연스러워진 노년에 새 친구를 만난 것은 큰 행운이다. 더구나 아버지가 하늘로 떠난 뒤에 찾아온 친구라 더욱 각별하다.

몇 년 전부터 치매를 앓는 아버지를 끝까지 집에서 돌보는 동안 어머니의 고생이 이만저만 아니었다. 주변에서 이제는 요양병원의 도움을 받으라고 했지만 뜻을 굽히지 않았다. 마지막 순간까지 옆에 있어주는 일이야말로 평생을 함께 한 반려자가 할 수 있는 도리라고 생각했다.

무엇이 그리 급했는지 아버지는 마지막 말 한 마디도 남기지도 못하고 자식들이 병원에 도착하기 전에 눈을 감았다. 하루가 다르게 기억이 희미해져도 큰 병을 진단받지는 않았기에 함께 보낼 시간이 아직은 더 남은 줄로만 알았다. 어머니는 본인이 잘한 일은 하나도 생각이 안 나고 그동안 못해 준 기억만 떠올렸다. 무뚝뚝한 성격이라 표현이 서툴러 수십 년을 같이 살아도 평소에 살가운 말을 하지 못했는데 갑자기 눈을 감아버린 아버지가 야속할 지경에 이르렀다.

늘 한 공간에 있던 배우자가 떠나고 난 후의 빈자리는 허전하기만 했다. 그동안 크고 작은 이별을 겪으며 인생이 영원할 수 없다는 것을 머리로는 알고 있었지만 갑작스레 닥친 이별 앞에서 속수무책이었다. 아무도 만나고 싶지 않고, 입에 밥숟가락을 떠넣는 일조차 귀찮을 정도로 무기력한 시간이 이어졌다. 밖에서 우연히 마주친 주변 사람들마다 그동안 얼굴이 많이 상했다며 어머니에게 걱정스러운 눈빛을 보냈다.

하루는 어머니를 만나러 가면서 양손 가득 수필책 꾸러미를 들고 올라갔다. 잠이 안 오거나 심심할 때 읽으면 시간이 잘 지나간다며 책을 내밀었다. 평소에 텔레비전 연속극을 보지 않는 분이라서 책이라도 읽으며 무료한 시간을 달래라는 의도였다.

늦바람이 더 무서운 법이라더니 그것이 내 어머니의 이야기일 줄이야. 어머니는 한 번 손에 잡은 책이 끝날 때까지 무엇도 눈에 들어오지 않는지 눈과 손을 멈추지 않았다. 두서너 장의 짧은 글들이 주는 소소한 재미는 나를 잘 아는 벗이 소근대는 대화처럼 느껴진다고 했다. 눈을 뜨자마자 책장을 펴는 일이 어느덧 일과로 자리 잡았다. 어떤 날은 앉은 자리에서 내리 책 한 권을 다 읽기도 했다. 집안일을 하다가도 읽다가 만 책장의 다음 페이지가 궁금해서 달려온 적도 있었다. 어머니의 손을 거쳐 간 책이 몇 달 만에 백 권을 훌쩍 넘겼다. 다른 사람들은 이제 보던 것들도 내려놓는 나이에 참 희한한 일이었다.

뒤늦은 나이에 어머니가 수필이라는 친구에 푹 빠지게 된 것이 어쩌면 운명이 아니었을까. 수십 년 전에 국어 교과서에서 배웠던 소월의 시를 글자 하나 틀리지 않고 줄줄 외는 모습을 보면 어머니 안에 문학소녀가 살고 있었던 것 같다.

가끔 수필책이 동이 나서 소설책이나 시집을 드리면 영 책장이 넘어가지 않는다고 했다. 소설은 나와는 너무 먼 세계의 이야기 같아서 현실감이 없고, 시는 읽는 맛을 채 느끼기 전에 끝나서 아쉽다고 했다.

어머니가 다른 장르는 접어두고 오로지 수필에만 관심을 갖는 것이 당연한지도 모르겠다. 어머니는 젊은 시절부터 우편 관련 일을 하다가 은퇴했다. 우체국의 창구에 앉아 각지에서 밀려드는 우편물을 처리하는 업무였다. 편지 봉투를 통해서 셀 수 없이 스쳐간 인연이 쌓이고 쌓여서 황혼녘에 만난 것이 아닌가 싶다. 수필은 누군가가 보낸 인생의 편지 같아서 수신자가 된 마음으로 책장을 넘기다 보면 때로는 웃음이 나고 가끔은 눈물이 핑 돈다고 했다.

얼마 전 아버지에 이어 큰이모마저 먼 하늘로 떠났다. 연이어 가까운 사람들을 떠나보내는 바람에 어머니의 가슴에 뚫린 구멍이 더 커졌다. 그래도 지금 어머니 옆에는 새 친구가 있어서 부지런히 눈을 맞추며 허전한 마음을 조금이라도 달랠 수 있으니 참으로 다행이다.

엄마 왔다

씨익~

　묵은 짐을 치우다가 먼지 앉은 캠코더가 눈에 들어온다. 영상이 재생되지 않아 장롱 구석에 밀쳐둔 채 잊고 있었다. 혹시나 싶어 먼지를 털어내고 작동 버튼을 누르니 거짓말처럼 불이 켜진다.
　오랜만에 불러낸 화면에 낯익은 얼굴이 등장한다. 아장아장 걸어 다니는 모양새가 둘째의 두 돌 무렵인 것 같다. 저 아기가 이제 중학생이 되었으니 꽤 오래된 장면이다. 잠시 자리를 비웠는지 나는 보이지 않고 아빠와 밖에서 놀고 있다. 아기가 혀 짧은 목소리로 쫑알쫑알 이야기를 쏟아내는 동안에도 눈은 주변을 두리번거리고 있다. 별안간 시선이 한 곳을 향하더니 벙그러진 꽃봉오리같이 환하게 웃는다.

"엄마 왔다!"

엄마가 오는 것을 저렇게 반가워할 때가 있었다니 새삼 신기하다. 엄마를 통해 세상을 보고, 엄마가 전부였던 천진난만한 모습은 어느새 흔적도 없이 사라졌다. 화면과 현실 사이에 존재하는 십 년의 간격 만큼 마음의 간격도 멀어진 느낌이다. 안아 달라고 매달리던 귀여운 아기가 지금은 애정 표현을 하면 닭살 돋는다고 손사래를 치는 소녀가 되었다. 용돈 준다는 말 외에 나머지는 다 잔소리로 변환해서 듣는 별난 재주도 장착했다. 부쩍 머리가 굵어진 아이를 키우며 품 안의 자식이라는 말을 톡톡히 실감하는 요즘이다. 큰아이 때 한 번 겪어봐서 내공이 생겼다고 자신했는데 사춘기 아이를 키우는 일에는 예방주사도 통하지 않나 보다.

부모가 된다는 것은 큰 축복이다. 간절히 원했던 임신이었고 테스트기의 선명한 두 줄을 보며 기뻐서 손이 떨렸다. 열 달 내내 아이의 얼굴을 상상하면서 십 킬로그램 넘게 불어난 몸이 힘든 줄도 몰랐다.

기다림 끝에 드디어 아이가 세상에 나오면서 엄마로서의 본격적인 라운드가 펼쳐졌다. 아이로 태어나 소녀로 자라고 여자가 되는 과정을 거쳐 비로소 엄마가 된 것이다. 단순한 모양새의 '엄마'라는 두 글자는 알고 보면 세상에서 가장 심오하고 복잡한 글자였다. 세월이 가면 갈수록 크고 무거운 새 보따리가 얹힌다는 사실을 알지 못했기에 나는 용감하게 두 아이의 엄마가 되는 선택을 했다.

예전에는 '내가 너를 어떻게 키웠는데' 같은 진부한 드라마 대사는 하지 않는 쿨한 엄마가 되리라 다짐했다. 그런데 육아는 생각처럼, 계획한 대로 흘러가는 일이 아니었다. 하루에도 몇 번씩 도 닦는 마음으로 머리끝까지 솟아오르는 열을 식히지 않으면 안 되는 상황에 맞닥뜨리면 "내가 널 어떻게 키웠는지 알아?"라는 말이 불쑥 입 밖으로 튀어나온다. 쿨한 엄마의 근처에도 못 가보고 화산 폭발이나 안 하면 다행이다.

한 술 더 떠서 누구네 집은 말만 하면 뭘 사주고, 누구네 엄마는 잔소리를 안 한다며 투덜거리면 철없는 소리는 넣어두라고 윽박지르면서도 조금 뜨끔하다. 본인이 엄마를 선택할 수 있었던 것도 아니고, 낳아 달라고 한 적도 없는데 덜컥 세상에 나오게 됐으니 아이 입장에서 억울한 마음도 생길 것 같다. 나도 저 나이 때는 좋은 일은 내 덕, 나쁜 일은 엄마 탓을 하며 억지를 부리며 지내지 않았던가.

얼마 전 드라마에서 여주인공이 내뱉는 혼잣말을 듣고 머리를 맞은 것처럼 멍했다.

"엄마가 되어도 엄마를 못 따라간다."

두 딸을 키우는 엄마로 산 지 십수 년이 훌쩍 지났어도 나는 여전히 우리 엄마가 자식을 생각하는 마음의 발뒤꿈치만큼도 따라가지 못하는 딸이다. 가끔 엄마의 호출을 받고 친정에 가서도 아이들 밥 시간이 늦겠다며 얼굴만 잠시 비추고 보따리를 냉큼 들고 집으로 온다. 엄마는 서운해하기는커녕 얼른 식구들 밥 챙기러 가라며 재촉한다.

그러면서도 사춘기 딸의 철없는 말과 행동에는 섭섭한 마음이 드니 나는 아직도 갈 길이 한참 먼 부족한 엄마다. '내리사랑' 이라는 말 뒤에 숨어 지낼 수만은 없는 적지 않은 나이가 되었는데도 엄마라는 단어의 무게가 여전히 버겁다. 아이가 성장할수록 내 역할도 달라져야 하니 날마다 시행착오를 겪으며 엄마를 배워가는 중이다.

아이가 어렸을 때, 내가 잠시 외출을 하면 어김없이 집에서 전화가 왔다. 언제 돌아오냐고 묻는 전화였다. 곧 들어간다고 해도 잠시를 못 참고 연거푸 전화를 해댔다. 요즘도 나가서 일을 보고 있을 때 전화가 온다. 언제 집에 오느냐고 묻는 내용도 같다. 그러나 같은 질문이라도 그 의도는 정반대다. 엄마가 빨리 안 왔으면 싶어서 도착 시간을 확인하는 염탐의 전화다. 늘 옆에 데리고 있었는데 언제 이렇게 빨리 커버렸을까.

오늘은 예상보다 일이 빨리 끝나서 아이에게 알려준 시간보다 일찍 집에 도착했다. 이대로 들어가면 자유 시간이 줄었다고 탄식을 할 것이 뻔하다. 가장 좋아하는 간식이라도 사 왔으니 조금 반기지 않을까 기대하며 현관에 들어선다.

"엄마 왔다, 떡볶이도 왔다."

3
그리워하다

아련~

내가 우표가 되어주지는 못하더라도, 어머니의 기억 속에 추억이라는 우표를 곱게 붙여주고 싶다. 종종걸음으로 우표를 안고 뛰어다니던 예전의 어머니 모습이 유난히 그리워지는 겨울날이다.

- 그리움에 부치는 우표
- 인생 앨범
- 바다에 닿다
- 내가 모를 줄 알고
- 추억을 새기다
- 빚진 차비
- 온새미로

그리움에 부치는 우표

코끝을 스치는 바람에 겨울 냄새가 짙다. 이맘때가 다가오면 유년의 기억 속에 봉인되어 있던 풍경화 하나가 떠오른다. 오래된 그림 속에는 우체국의 난로 앞에 쪼그리고 앉아 편지 봉투에 우표를 붙이던 어린 소녀가 있다. 우표 뭉치와 빳빳한 종이봉투 냄새가 엉겨 붙은 그 특유의 냄새가 나에게는 겨울을 추억하는 통로다.

크리스마스가 다가올 무렵이면 우리 집에 비상이 걸렸다. 공단 어귀에서 작은 우편취급소를 운영하던 어머니는 연말이 다가오면 날짜에 늦지 않게 우편물을 처리하느라 몸이 몇 개라도 모자랄 정도로 일에 치여 지냈다. 어머니는 새벽부터 일어나 아침상을 차려 놓고 찌개가 식기도 전에 집을 나섰다. 새벽에 이불 안에서 뒤척이며 귀를 열어놓고 있으면 피곤이 덕지덕지 달라붙은 어머니의 무거운 발걸음 소리가 차츰 멀어져갔다. 밤이 되면 물에 젖은 솜뭉치처럼 무거운 몸을 이끌고 돌아와서 밀린 집안일을 마저 처리하느라 늦은 시간까지 숨을 돌릴 틈이 없었다.

방학 때는 나도 종종 어머니를 따라 나가 그곳에서 시간을 보냈다. 삽으로 퍼내도 금세 쌓이는 함박눈처럼 펑펑 쏟아지는 우편물을 처리하려면 고사리손 하나도 아쉬울 판이었다. 둘둘 말아서 비닐에 싼 달력 뭉치와 형형색색의 연하장 봉투가 쌓여 탑을 이룬 좁은 공간을 비집고 들어가 자리를 잡았다. 어머니가 가르쳐준 대로 하얀 편지 봉투를 가지런히 줄을 세워 놓고 우표를 한 장씩 떼서 풀로 붙였다. 단순한 일이지만 가끔 우표 귀퉁이가 찢어지는 일도 있어 긴장을 풀 수 없었다. 풀을 너무 많이 바르면 우표가 미끄러지고 너무 적게 바르면 제대로 붙지 않아서 여러 번 찢어먹기도 했다.

우표 붙이는 일이 끝난 후에는 날짜가 박힌 도장을 찍었다. 그런 다음 우편 번호에 따라서 지역을 분류했다. 아직 학교에서 사회를 제대로 배우지 않았던 때라 다른 지방의 지명이 생소하기만 했다. 대한민국에 이렇게 다양한 이름의 마을이 존재한다는 것이 그저 신기했다. 새로운 지역을 알아가는 재미에 벽 한쪽에 걸린 커다란 지도에서 어디쯤 있는지 찾아보기도 했다. 다른 지역의 정보를 접하기 어렵던 시절, 좁은 방 안에 앉아 우편 번호에 기대어 전국을 누비다 보면 어쩐지 숨통이 트이는 기분이 들기도 했다. 나중에 고학년이 되었을 때 지리 과목에 유난히 흥미를 느꼈던 것은 편지 봉투를 타고 대한민국의 구석구석을 여행했던 그때의 경험 덕분이 아닌가 싶다.

그곳에서 하루를 지내다 보면 여러 사람들이 저마다의 다채로운 사연을 안고 유리문 안으로 들어왔다. 그중에서도 군대 간 아들에게 소포를 보내러 오는 어머니들이 들고 온 상자가 유난히 크고 무거웠다. 멀리서 고생하고 있을 아들을 위해 하나라도 더 챙겨 보내고 싶은 마음이 넘쳐서 아무리 넉넉한 크기의 상자라도 모자랐을 것이다. 연인에게 편지와 선물을 보내러 오는 사람들은 표정부터 달랐다. 문에 들어설 때부터 얼굴이 설렘으로 빛나고 있어서 어린 내가 보기에도 금방 표시가 났다. 간혹 글씨를 잘 못 쓰는 할머니들이 멀리 사는 자식들에게 보낼 짐을 부치러 오면 내가 대신 주소를 써 주기도 했다. 작은 공간은 단순히 우편물만 전달하는 곳이 아니라 누군가의 이야기와 마음이 오고 가는 사랑방이었다.

세월이 지나면서 우편취급소의 풍경도 많이 달라졌다. 전산을 통해 처리하는 업무가 많아져서 언제부턴가 손으로 일일이 우표를 붙일 필요가 없어졌다. 종이 우표 대신 후불로 우편료를 입금 받는 방식으로 바뀌었기 때문이다. 연말이면 천장 높은 줄 모르고 쌓이던 홍보용 달력이나 가계부는 자취를 감추었고 한 글자 한 글자 손으로 꾹 눌러 쓴 연하장을 구경하기 힘들어졌다. 손글씨로 쓴 편지 대신 컴퓨터나 핸드폰으로 연락을 주고받는 일이 당연해지면서 그 많던 안부 엽서나 연애편지도 사라졌다. 대신 우편 자루 안에는 숫자로 빼곡한 세금고지서나 통신비, 카드 고지서가 자리를 메우게 되었다.

그러다보니 그전만큼 일손이 모자라지는 않게 되어 가족들이 다 동원되곤 하던 예전의 풍경은 사라졌다. 우편일이 전처럼 사람 손이 필요하지 않은 이유도 있었지만 머리가 굵어지면서 그럴듯한 구실을 만들어 빠져나갈 궁리를 하느라 바빴다. 학교 공부가 늘어났다는 핑계로, 친구들과 약속이 있다는 이유로 우편취급소 근처에는 얼씬도 하지 않았다.

어느덧 시간이 흘러 어머니의 우편취급소가 마지막 문을 내려야 할 시간이 왔다. 개인이 운영하는 사설 기관이라고는 하지만 우편 일이란 공공의 성격을 띠고 있어 정년이 있었다. 어머니는 내가 아홉 살 때 우편 일을 시작해서 삼십 년 넘게 일을 했으니 정말 긴 시간을 그곳에서 보냈다. 작은 우편취급소 안에 갇혀서 바깥의 계절이 바뀌는 줄도 모르고 어머니 인생의 여름과 가을을 그곳에 저당 잡힌 채 세월을 보낸 것이다.

아버지의 이른 퇴직과 사업 실패로 어머니는 실질적인 가장이나 다름없었다. 우리 집에서는 우표가 곧 밥그릇이고 자식들의 책이었다. 월초가 되면 어머니는 우표 살 돈을 마련하느라 주변에 전화를 돌려 잠시 돈을 부탁한다며 아쉬운 소리를 하곤 했다. 자존심 강하고 꼿꼿한 성격의 어머니가 돈 앞에서 작아지는 모습을 보면 무척 낯설고 어색하게 느껴졌다.

　삼십 년 동안 가족들을 위해 헌신한 어머니를 위해서 가족들이 모여 조촐한 퇴임식을 마련했다. 평소에 어머니는 '강철 여사'로 불릴 정도로 강인하고 대가 찬 성품이었다. 체력도 좋고 누구보다 부지런했기 때문에 나도 줄곧 세상에서 가장 강한 분이라고만 생각했다. 그랬던 어머니가 자식들이 만든 감사패를 받고 어깨가 무너져 내렸다. 제대로 말을 잇지 못하고 눈물을 흘리는 것으로 지난 세월에 대한 소감을 대신했다. 굳은살이 앉고 갈라진 손마디가 지난했던 세월을 대신 말해 주는 것 같아 지켜보던 가족들도 함께 눈시울이 뜨거워졌다.

　칠십 고개를 넘고 나서야 어머니는 비로소 자유의 몸이 되었다. 그동안 친구들이 자식들 키워 놓고 철철이 꽃구경을 다닐 때도 어머니는 마음 편히 자리를 비울 수가 없었다. 밥벌이의 무게를 오롯이 짊어진 채 늘 같은 자리에 앉아 우편취급소를 지켰다. 그 희생 덕분에 나는 편지지에 붙은 우표처럼 자유롭게 이곳저곳을 팔랑거리고 다니며 추억을 쌓을 수 있었다. 어머니의 우표 덕분에 학비 걱정 없이 학교를 마치고 유행하는 옷도 사 입었으면서 그 모든 것들을 당연한 듯이 받기만 했다. 그동안 어머니의 손이 얼마나 거칠어졌는지 한 번도 살피지 않은 철

없는 딸이었다.
  어머니의 손끝을 통해 이곳저곳으로 길을 떠난 우표처럼 당신도 이제부터 전국을 마음대로 누비며 구경을 다녔으면 좋겠다. 내가 우표가 되어주지는 못하더라도, 예전에 지도에서 함께 보았던 곳에 가서 어머니의 기억 속에 추억이라는 우표를 곱게 붙여 주고 싶다. 종종걸음으로 우표를 안고 뛰어다니던 예전의 어머니 모습이 유난히 그리워지는 겨울날이다.

인생 앨범

　모처럼 핸드폰 앨범 안에 든 사진들을 하나씩 훑어본다. 작은 핸드폰 안에 수천 장의 사진이 쌓여 있다. 폰카메라는 손가락만 까딱하면 사진이 생기니 찍기만 하고 내버려 둔 사진이 한두 장이 아니다. 이참에 필요 없는 사진은 지우고 시간이 많이 지난 사진은 컴퓨터로 옮겨 저장할 작정이다.
　버튼을 따라 시간을 거슬러 가니 십여 년도 훌쩍 넘은 사진이 나온다. 유치원 졸업식 때 꽃다발을 들고 앞니가 빠진 얼굴로 천진난만하게 웃고 있는 아이의 모습이 익살맞다. 카메라만 갖다 대면 깔깔 웃으며 브이 자를 그리던 아이들이 차츰 고개를 옆으로 돌리기 시작하더니 나중에는 얼굴을 손으로 가리기 바쁘다. 사진 속에서 아이들이 훌쩍 자라는 동안 내 얼굴도 조금씩 바뀐 모습이다.

손가락으로 디지털 사진을 넘기다 문득 오래된 종이 사진들이 보고 싶어서 장롱 깊숙이 넣어둔 앨범을 꺼낸다. 필름카메라로 사진을 찍던 시절, 사진은 특별한 날에만 찍을 수 있는 기념품 같은 의미였다. 소중한 기념일이나 수학여행 같은 이벤트가 있을 때 잠시 카메라가 허락되었다. 그마저도 남은 필름 숫자를 헤아려가며 찍어야 했기에 의미 있는 순간에 신중한 손길로 버튼을 눌렀다. 그래서 종이 사진 속에 남은 그림은 하나같이 특별한 추억의 엑기스를 담고 있다.

낡은 표지를 넘기니 돌 무렵의 내 흑백 사진이 등장한다. 오빠와 어색하게 유원지 앞에 서서 찍은 사진도 있다. 유치원 졸업식 때 찍은 사진은 입이 댓발이나 나왔다. 친구들 모두 한복을 입는다는 엄마의 말만 믿고 한복을 입고 졸업식에 갔다. 다른 친구들은 원복을 입었는데 혼자만 색동저고리를 입어서 튀었다. 설날도 아닌데 한복을 입고 왔다고 남학생들이 놀리는 바람에 졸업식이 빨리 끝나기만을 기다렸던 기억이 어제 일처럼 생생하다. 고등학교 수학여행 때 친구들과 찍은 사진도 새삼스럽다. 아주 오래된 일도 아닌 것 같은데 지금은 그 또래 학생의 엄마가 되었다. 아날로그 사진과 사진 사이에는 빨리 감기 버튼을 누른 것처럼 시간이 껑충 지나간다.

필름 카메라로 사진을 찍던 시절에는 인내심이 필요했다. 찍고 바로 확인할 수가 없어서 필름을 다 쓸 때까지 기다렸다가 사진관으로 갔다. 그렇게 며칠을 기다려서 사진을 받으면 얼굴이 흐릿하거나 눈동자가 새빨갛게 나온 굴욕 사진도 종종 섞여 있었다. 사진 속의 내 모습이 마음에 들지 않아도 되돌릴 방법이 없었다.

요즘처럼 디지털 기기로 사진을 찍을 때는 그런 고민을 할 필요가 없다. 찍자마자 볼 수 있으니 흐릿하거나 마음에 차지 않으면 일 초의 고민도 없이 바로 지운다. 카메라 안에 다양한 보정 필터가 있어서 입맛대로 사진을 다듬을 수도 있다. 대충 찍어도 최신 장비의 힘을 빌어 얼마든지 내가 원하는 모습으로 바꿀 수 있으니 자주 셔터를 누르게 된다.

나에게는 특별한 앨범이 하나 더 있다. 큰아이를 학교에 입학시킨 후에 수필이라는 앨범을 새롭게 들여놓았다. 그속에는 종이 사진이 아니라 문장으로 추억을 변환시켜서 보관한다. 처음에는 겁도 없이 추억의 페이지에 나의 기억들을 담을 생각에 설렜다. 앨범을 한 장씩 채울 때마다 지금껏 지나온 순간 중 인상적인 한 장면을 끄집어내서 기억을 되감는 시간이 찾아왔다. 시간의 먼지를 털어내고 가만히 과거의 장면을 떠올리다보면 흑백사진 같은 오래된 기억이 천연색 컬러사진으로 되살아나곤 했다. 한순간에 소녀 시절로 돌아가 즐거울 때도 있었고 갑자기 얼굴이 화끈거리는 순간이 찾아오기도 했다. 세월이 한참 지난 지금까지도 왜 그랬을까 후회가 남는 순간도 더러 있다. 떠올리기만 해도 눈물이 번지는 울컥한 기억도 여러 장이다.

　지나간 시간의 자취를 더듬어 글로 옮기다 보면 토씨 하나까지 또렷한 장면도 더러 있지만 시간의 필터에 덮여 희미한 장면이 더 많다. 희미하게 머릿속에 남은 기억의 장면 위에는 어쩔 수 없이 약간의 추측을 보태 살을 붙이기도 한다. 수필이라는 장르에 충실하고 싶어 최대한 원본에 가깝게 옮기려고 노력하지만 불편한 기억을 나에게 유리한 방향으로 슬쩍 보정을 한 적도 있다.

　수필의 앨범을 한 줄씩 써내려가는 지금도 인생은 한순간도 멈추지 않고 흘러가는 현재진행형이라는 것을 잊고 지낼 때가 많다. 얼핏 비슷해 보이는 일상 속에서 무심하게 흘려보내고 있는 이 시간 역시 나중에 돌아보면 추억이라는 이름으로 얼마나 그리워하게 될까. 한순간도 같은 장면이 없고 다시 찍을 수도 없는 인생이라는 카메라 안에서 오늘은 어떤 사진을 남겼는가 스스로에게 묻는다.

바다에 닿다

  우연의 일치인지 내가 살았던 동네 이름에는 공통적으로 산 山이 붙어 있었다. 양산梁山에서 태어나서 자랐고 결혼 후에는 울산蔚山으로 건너가 새로운 둥지를 틀었다. 우리 집의 밥이 달린 남편의 일터가 있는 곳이고, 두 아이가 태어난 도시이기도 해서 울산은 제 2의 고향과도 같은 곳이었다.

  울산 땅에 단단하게 내렸던 뿌리가 생각지도 않았던 이유로 흔들리기 시작했다. 같은 지역에 살던 오빠네가 해운대로 이사한 후 집들이를 한다며 식구들을 초대했다. 그 동네 아파트 베란다에서는 낮에는 수영강의 물결이 보이고, 밤에는 멀리 광안대교의 불빛이 별빛처럼 깔렸다. 황홀한 풍경에 마음을 빼앗겨 십 년 넘게 살았던 울산을 훌쩍 떠나 부산釜山으로 터전을 옮겼다.

부산으로 이사를 온 지도 벌써 칠 년이 되어 간다. 이제는 거실 베란다에 걸린 익숙한 풍경화가 되었지만 여전히 수영강 물결 위를 떠다니는 윤슬을 볼 때면 기분까지 반짝인다. 자꾸 솟아오르는 새 아파트에 가려 처음보다 작아지긴 했어도 안방 창문 너머로 희미한 수평선을 마주하면 가슴이 트이는 기분이다. 바다가 보이는 동네에서 어느 때보다 마음의 안정감을 느끼는 것을 보면 오래 전부터 내 안에는 바다에 오고 싶은 마음이 깔려 있었던 것일까.

지금껏 내가 살았던 곳이 바다에서 멀리 떨어진 곳은 아니었다. 나의 출발점이자 성장의 터전인 양산은 한 시간도 안 되는 거리에 일광이나 기장 해변이 있어서 바다에 대한 갈증이 일지 않았다. 새로운 삶의 배경인 울산 역시 큰 배와 공장 굴뚝을 배경으로 낀 역동적인 바다를 볼 수 있는 환경이었다.

마음 먹고 찾아가야 하는 바다와 달리 산은 언제나 가까이에 있었다. 거실 창으로도, 내 방 창문에도 시선이 닿는 곳마다 산이 보였다. 특히 유년 시절을 보냈던 양산 원동은 높은 산으로 둘러싸인 산촌이었다. 휴일이면 기어이 산에 올라야 직성이 풀리는지 알록달록한 등산복을 입은 외지인들이 작은 마을이 미어터지도록 밀려오곤 했다. 산속에 살면서도 아무런 감흥이 없던 나로서는 왜 그렇게 사람들이 산에 오르려고 안달인지 그저 신기할 뿐이었다.

가끔 소풍이나 수학여행 때 산에 오를 일이 생기면 숨이 가빴다. 턱까지 차오르는 숨을 몰아쉬며 고개를 들면 하늘을 향해서만 솟아오른 산봉우리들은 가만히 있지 말고 어서 정상으로 올라오라고 재촉하는 것 같아서 더 멀어 보였다. 성인이 되고난 후에도 등산 가는 일정이 잡히면 핑계를 대고 나가지 않을 정도로 산은 가까이 하고 싶지 않은 장소였다.

반대로 바다에 갈 일이 생기면 빠지지 않고 참석했다. 부산에 있는 대학교에서는 신입생 환영회나 동아리 모꼬지 행사 장소로 인기 있는 곳이 바다였다. 신입생 환영 모임이 열렸던 해운대 백사장에서 수건돌리기를 하며 파도 소리 위에 스무 살의 발랄한 웃음을 뿌렸다. 작고 허름한 민박집이 바다 입구에 옹기종기 붙어 있는 송정은 주머니가 가벼운 학생들이 하루를 보내기에 안성맞춤이라 매년 동아리 행사를 그곳에서 열었다. 짭조름한 바다 향이 섞여서 그런지 별 다른 재료 없이 물만 넣고 끓여낸 찌개도 혀에 착착 감기는 맛이었다. 광안대교가 만들어지기 전, 친구들과 밤바다를 거닐며 네온사인보다 더 화려한 청춘의 추억을 밝히기도 했다. 부산의 바다는 가장 빛나는 시절의 추억이 고스란히 새겨진 추억의 저장고였다.

시외버스를 갈아타며 부산으로 통학하는 대학생이던 내가 중년에 접어든 나이에 이곳으로 흘러와 부산 시민이 되었다. 일부러 바다를 찾는 외지인이 아니라 집 근처에서 바다를 즐기는 작은 호사를 누리고 있다.

  끝없이 펼쳐진 수평선은 보는 사람의 마음마저 편안하게 만드는 힘이 있다. 그러나 눈에 보이는 것이 전부는 아니다. 일직선의 수평선 아래 감추어진 바다의 깊이는 감히 짐작조차 할 수 없다. 어떤 곳은 발이 닿을 정도로 얕지만 또 어떤 곳은 상상할 수 없을 만큼 깊고 험할 것이다. 내가 지나온 시간 속에서 때로는 자신만만하게 발을 첨벙이며 뛰어다니기도 했고 어떨 때는 발이 닿지 않는 깊이에 놀라 허둥거리기도 했다. 앞으로 험한 파도 앞에서 움츠러드는 순간도 있을 것이고 잔잔한 물결 위에 찰랑이는 햇살을 그대로 담을 날도 있을 것이다.

  펄떡이던 스무 살에 보던 바다와 인생의 반환점을 도는 시점에 보는 바다는 색감도, 깊이도 다르게 다가온다. 강산이 몇 번 변할 만큼의 시간이 흐르기도 했고 그동안 세상을 바라보는 내 눈이 달라졌다. 지금은 바다를 보면 푸른 파도 같았던 이십 대의 추억보다 가족들과 만들었던 잔잔한 물결 같은 추억이 먼저 떠오른다. 오래오래 바다 옆을 맴돌며 겉으로 보이는 것보다 내면이 훨씬 깊은 저 바다에 닿을 수 있는 날이 언젠가는 오기를 소망한다.

내가 모를 줄 알고

 아줌마가 된 후부터 날씨를 보는 눈이 단순해졌다. 하늘의 색감이 어떤지, 구름의 모양이 얼마나 아름다운지는 뒷전이다. 잔잔한 파도가 치는 파란 바다 같은 하늘을 마주하고도 감탄사보다 '빨래 돌리기 좋겠다'라는 생각이 먼저 튀어나온다. 멋진 날씨를 분류하는 기준이 빨래가 잘 마르느냐 아니냐가 되었다.
 예전에는 비 오는 날의 운치를 즐길 줄 아는 자칭 낭만주의자였다. 창을 타고 흐르는 빗줄기를 보며 커피 한 모금을 머금으면 가슴이 촉촉해지곤 했다. 하지만 식구들의 빨래 당번이 되고 보니 비가 오면 분위기에 취하는 게 아니라 밀린 빨래 걱정이 먼저다.
 며칠 연이어 비가 내린다. 빨래 무더기의 높이가 올라갈 때마다 걱정도 한 뼘씩 커지는 내 속을 아는지 모르는지 욕실 앞에 아침부터 수건 무더기가 탑처럼 쌓인다. 널브러진 모양만 봐도 누가 쓴 수건인지 대충 짐작이 간다. 손 한 번 닦은 수건, 세수한 뒤에 쓴 수건, 샤워 후에 닦은 푹 젖은 수건 등등 모양도 제각각이다. 손만 닦은 수건은 한 번 더 쓰고 내놓으라고 식구들에게 잔소리도 해 보고 애원도 해 보았지만 늘 공염불이 되고 만다.

하긴 누구를 탓하랴. 과거에 내가 뿌린 씨앗을 지금 거두고 있는지도 모른다. 결혼 전에는 같은 수건을 한 번 이상 쓴 적이 없었다. 지금이야 세탁기 성능이 좋아지고 건조 기능까지 있지만 예전에는 신통찮은 작은 세탁기 하나로 여섯 식구의 빨래를 소화하려면 종종 과부하가 걸렸다. 날마다 벗어내는 옷가지와 쉴 새 없이 나오는 수건을 처리하다 보니 수납장에 수건이 똑 떨어지거나 당장 입고 싶은 옷이 세탁기에 담겨 있을 때가 있었다. 특히 장마철이면 빨래를 하는 속도가 빨래를 벗어내는 속도를 따라가지 못해 마른 수건을 구경하기 힘들었다. 축축한 수건만 남아 있으면 잔뜩 구겨진 얼굴로 제때 수건 좀 쓰게 해 달라고 투덜거렸다.

하루는 비가 오는데도 수납장 안에 개켜놓은 수건이 남아 있었다. 반가워서 수건을 얼굴에 갖다 댄 순간 쿰쿰한 냄새가 났다. 햇볕을 받아 기분 좋게 바삭한 촉감이 아니었다. 아무리 봐도 누가 한 번 썼던 수건의 느낌이 난다고 했더니 어머니가 계면쩍게 웃었다. 알고 보니 손만 한 번 닦은 수건을 골라내서 건조대에 살짝 말렸다가 다시 넣어둔 것이었다. 그 다음부터는 수건을 쓸 때마다 검사라도 하듯이 코를 바짝 대고 살핀 후에 조금이라도 냄새가 나거나 습한 느낌이 들면 빨래통으로 던져 버렸다. 아무리 햇볕에 잘 말려 감쪽같이 개어 놓아도 한 번 쓴 수건인지 아닌지 귀신 같이 알아챘다.

"내가 모를 줄 알고?"

까탈을 부리는 나의 등 뒤로 어머니는 주문인지 예언과도 같은 말을 중얼거렸다.

"으이구, 너도 나중에 살림 한번 살아봐라."

결혼을 한 뒤부터 시간을 분류하는 기준도 단순해졌다. 내 머리 속의 시계는 크게 두 구간으로 나뉜다. 식구들의 밥을 준비해야 하는 시간과 그렇지 않은 시간이다. 하루 24시간 중 잠자는 시간을 제외하면 눈을 뜨고 지내는 시간은 그렇게 길지도 않은데 굳이 세 번이나 밥을 챙겨 먹어야 하는 규칙은 누가 만들었는지 모르겠다. 한 끼 먹고 돌아서면 금방 다음 식사 시간이 닥친다.

어릴 때 나는 유난스레 입이 짧은 아이였다. 마음에 드는 반찬이 한 가지라도 있어야 겨우 밥공기를 비웠다. 문제는 입에 맞는 반찬이 하나도 없을 때였다. 살림을 하면서 바깥일까지 했던 어머니는 업무가 몰리는 월말이면 귀가가 늦었다. 옷을 갈아

입을 새도 없이 허겁지겁 차려낸 밥상에는 새 반찬이 추가되기는커녕 아침에 먹었던 식은 밥이 그대로 올라오기도 했다. 굳은 밥덩이 때문에 목이 막히는 데다 맨날 똑같은 김치에 갈수록 말라가는 멸치조림, 푸성귀 반찬은 자리만 차지할 뿐 젓가락이 가지 않았다. 다른 집들처럼 맛있는 반찬 좀 해 주면 안 되느냐고 투정을 부리면 평소에는 인자하기 그지없는 아버지가 무서운 얼굴로 불호령을 내렸다.

가장인 아버지가 앞장서서 김치 하나만 있어도 충분하다고 하니 서열이 한참 밀리는 내가 투정을 부릴 명분이 없었다. 다만 속으로는 작은 불만이 남아 있었다. 주부가 가족을 위해서 때마다 새로운 반찬을 만드는 것은 당연하다고 여겼던 것이다.

내 손으로 살림을 맡아 보니 그 시절 어머니의 고충을 이해할 수 있게 되었다. 내 일이 아닐 때는 쉬워 보였던 집안일이 막상 내 소관이 되고 보니 보통 어려운 것이 아니었다. 잘 해낸다고 누가 알아주는 것도 아니고 조금만 빈틈이 생기면 비난의 화살이 날아들었다. 옷을 제때 빨아놓지 않았다고 아이들이 불평을 할 때면 예전에 내가 감별사라도 된 듯이 의기양양하게 수건을 골라내던 장면이 떠올라 피식 웃음이 났다.

어머니가 그랬듯 끼니때가 닥치면 오늘은 또 어떤 반찬을 해서 먹어야 하나 걱정이다. 날마다 반복되는 이 진부한 고민은 시간이 지나도 나아질 기미가 없다. 기껏 힘들게 차려 놓은 밥상 앞에서 먹을 반찬이 없다며 깨작거리는 모습을 보면 반찬 투정을 하던 예전의 나와 데칼코마니 같다.

집안 살림과 바깥일을 동시에 하느라 숨 돌릴 여유도 없었던 어머니였지만 나중에 시집 가면 평생 손에서 일을 놓을 수가 없다며 좀체 딸의 손을 빌리지 않았다. 그런 배려는 알지도 못하고 그깟 수건 한 장이 뭐라고 그토록 까탈을 부렸을까. 아무 것도 모르면서 뭘 그렇게 잘 아는 양 의기양양했던 그때를 떠올리면 지금도 얼굴이 화끈거린다.

지금 이 순간에도 생각 없이 쉽게 넘기는 일이 어디 한두 가지이겠는가. 아마 눈을 감을 때까지 내가 무엇을 잘못했는지조차 깨닫지 못하고 지나가는 일이 더 많을 것이다. 왜 자신의 허물은 시간이 지나고 난 후에야 잘 보이는지 모르겠다. 인생에서도 '미리보기' 기능을 적용할 수 있다면 조금은 실수를 줄일 수 있을 텐데. 미리 훗날을 내다볼 수 있는 창이 있다면 매사에 불평보다는 감사한 마음을 가질 수 있지 않을까.

그럼에도 불구하고 나는 오늘도 같은 실수를 반복하고 있다. 현재의 잘못은 보이지 않는다는 핑계 뒤에 숨어서 나중에 돌아보면 후회할 하루를 써 가는 중이다. '내가 모를 줄 알고?' 하는 자신감을 빙자한 착각 속에서 헤어나오려면 또 한참의 시간이 필요할 것이다.

추억을 새기다

푸릇한 나뭇잎 위로 붉은 가을빛이 번질 무렵이면 유난히 생각나는 곳이 있다. '가을' 하면 '통도사'가 공식처럼 떠오를 정도로 그곳은 나에게 특별한 추억의 공간이다.

양산에서 학창시절을 보냈던 사람들이라면 소풍 때 한두 번쯤 통도사에 가 보지 않은 사람이 없을 것이다. 특히 우리 학교는 마땅한 장소가 없어서 그랬는지, 아니면 안심하고 여학생들을 풀어놓기가 좋아서 그랬는지 일 년에 한 번은 통도사로 소풍을 갔다. 중학교와 고등학교를 다니는 동안 무려 여섯 번이나 같은 장소로 소풍을 갔다. 그러다보니 눈에 사진을 찍은 듯이 주변의 풍경을 외울 지경이었다.

전국에 이름난 사찰이라지만, 학생들에게는 그다지 매력적인 장소가 아니었다. 불룩하게 채운 배낭이 납작해질 정도로 미어터지는 버스를 타고온 후 다리가 아플 정도로 걸어가야 절 입구가 나왔다. 우거진 소나무 숲길을 걸어가는 동안 이미 간식의 반 이상을 해치워버릴 정도로 산책로가 길게 느껴졌다.

대웅전 앞에서 대충 눈도장을 찍고 나면 반마다 흩어져서 바위틈에 앉아 도시락을 펼쳐 놓고 수다를 쏟아냈다. 삼삼오오 모여서 사진도 찍고 간식을 먹으며 시간을 보내다가 오후에는 모두가 한곳에 모여 장기자랑 시간을 가졌다. 카세트에서 흘러나온 최신가요 리듬에 맞춰 몸을 흔드는 소녀들의 요란한 웃음소리에 고요하던 절 마당이 들썩였다.

공식 행사가 모두 끝나고 해산하던 길이었다. 우리 담임선생님은 전교 여학생들의 시선을 한 몸에 받는 잘생긴 총각선생님이었다. 적어도 우리 학교 안에서는 아이돌스타 못지 않은 인기를 자랑했다. 여학생들에게 빙 둘러싸인 선생님을 보니 갑자기 장난기가 발동했다.

"선생님, 저기서 같이 사진 찍어요."

나는 아래편 계곡 방향으로 선생님을 안내했다. 때를 놓치지 않고 반 친구 여러 명이 우르르 몰려와 선생님의 팔을 이끌고 계곡 근처로 갔다. 우리는 미리 말을 맞추기라도 한 것처럼 손발이 척척 맞았다. 하나, 둘, 셋 구호에 맞춰 선생님이 멋지게 포즈를 취하는 순간 뒤에 서있던 친구들이 선생님을 계곡으로 밀었다. 사방에 요란한 물보라를 튀기며 선생님이 물에 빠졌고 그 모습을 보며 배꼽을 쥐고 웃었다. 재미있는 구경거리에 다른 반 친구들과 선생님들까지 몰려들어 웃음소리를 보탰다.

목적을 달성했다며 방심했던 순간 등 뒤에서 나를 잡아끄는 손길이 느껴졌다. 주변의 풍경이 슬로우 모션으로 멈추는가 싶더니 코로, 귀로 물이 밀려들어왔다. 혼자서만 당할 수 없다는 듯 선생님이 물귀신 작전으로 나를 물에 빠트린 것이다. 수영을 못해 물에서 허우적거리다가 머리부터 발끝까지 쫄딱 젖었다. 소풍을 간다고 특별히 장만한 새 옷과 새 신발이 엉망진창이 되었고, 버스를 타고 올 때까지도 물이 뚝뚝 흘러내렸다. 빨간 단풍잎이 떠다니던 통도사 계곡물의 차가운 감촉은 두고두고 잊지 못할 추억으로 남았다.

그곳은 나와 얼마나 인연이 깊은지 학교를 졸업한 후에도 통도사에 갈 일이 종종 생겼다. 대학교 신입생 환영회 모꼬지 장소도 통도사 앞의 숙소였다. 학교 때 여러 번 소풍 왔던 경험을 살려 외지에서 온 선배와 친구들 앞에서 가이드를 자청하며 절 안내를 맡았다.

나중에 동아리 가을 야유회 때도 통도사에 방문했다. 부산에서 멀지 않으면서 꽤 유명한 곳이라 그런지 대학생들에게도 인기 있는 장소였다. 동아리 사람들에게 육 년 동안 내리 이곳으로 학교 소풍을 왔다고 추억담을 풀었더니 촌사람이라고 놀렸다. 자주 왔던 곳인데도 새로운 사람들과 함께 걷고 있으니 익숙한 그림도 신선하게 다가왔다.

　남자 친구와 데이트를 할 때도 통도사 숲길을 거닐었다. 서로의 손이 스칠락말락하며 나란히 걷고 있으니 예전에는 길기만 하던 소나무길이 짧게 느껴졌다. 알록달록한 단풍잎이 떠 있는 저 계곡물에 빠진 적도 있었다는 이야기를 듣고 눈이 동그래졌다. 한때 말괄량이 학창 시절을 보냈다는 말에 웃음을 터트렸다. 바스락거리는 단풍잎을 밟으며 그 속에 스며있는 추억을 공유한 덕분인지 더 가까운 사이로 발전해 부부의 인연을 맺었다.

　특별한 추억이 깃든 장소가 가까운 곳에 있다는 것은 행운이다. 통도사가 변함없이 그 자리를 지키고 있어서 얼마나 다행인지 모르겠다. 절 입구를 지키고 선 소나무들을 보면 내가 변해온 모습을 빠짐없이 지켜본 오래된 친구 같다. 철부지 학창시절, 옷자락의 물을 짜며 길을 걸었던 말괄량이가 대학생이 되어서 다시 왔고 시간이 흘렀다. 나중에는 아이의 손을 잡고 찾아와 예전에 엄마가 어릴 때 걸었던 길이라고 알려주기도 했다.

　인생을 사계절로 나눈다면 나는 지금 어디쯤 서 있는 것일까. 아마도 가을 어귀쯤이 아닐까 싶다. 어느덧 인생의 가을에 들어선 나이가 된 지금, 다시 통도사에 왔다. 한때는 눈부신 초록색으로 빛나던 모습이 세월 앞에서 점점 색이 변해가는 중이다. 싱싱하게 빛나는 초록색은 아니지만 노을빛으로 물들어가는 단풍잎 사이에 지금 나의 가을을 한 겹 새겨 넣는다.

빚진 차비

 큰아이가 고등학생이 되면서 집에서 제법 멀리 떨어진 학교에 입학했다. 버스로 가기는 멀어서 아파트에서 학교까지 바로 데려다주는 통학 차량을 신청했다. 아이는 중학교 때보다 한 시간 일찍 일어나서 등교 준비를 했고, 덩달아 나도 아침 준비를 서둘렀다. 길 하나만 건너면 되던 중학교 시절에 비할 수야 없지만 고등학생을 둔 부모로서 조금 더 일찍 일어나 등교 준비를 돕는 것쯤은 견딜 만했다.
 그런데 코로나바이러스가 퍼지고 학교 가는 날이 들쭉날쭉해지면서 문제가 생겼다. 악기를 전공하는 터라 고등과정 수업을 소화하면서 실기 연습까지 하려면 늘 시간이 모자랐다. 자투리 시간을 잘 쪼개어 쓰는 것이 중요했다. 등교하는 날에는 연습 시간을 넉넉히 확보하기가 힘들다며 고민하더니 통학 차량

대신 새벽 버스를 타고 가겠다고 선포했다. 학교 전공연습실에서 집중이 잘 된다며 일찍 등교해 조금이라도 더 연습을 하고 싶다는 것이었다.

기어이 첫차를 타러 가는 아이를 며칠은 그냥 지켜보았다. 우리집이 버스 종점이어서 새벽에 혼자 버스를 타보면 무섭고 불편해서라도 다시 통학 차량을 타겠다고 할 줄 알았다. 오히려 시간이 지날수록 버스를 놓치지 않으려고 다섯 시부터 허겁지겁 눈을 뜨고 준비하는 모습을 보니 더는 손을 놓고 구경할 수가 없었다.

그렇게 나의 통학 기사 생활이 시작되었다. 버스를 타고 갈 때보다 삼십 분은 절약할 수 있으니 아이는 꿀맛의 아침잠을 얻었다. 반대로 나는 왕복 사십 분 거리를 태워주고 돌아와서 남은 식구들까지 챙겨야 하니 이불 안에서 누리는 포근한 시간이 한 시간 넘게 줄었다.

호의가 계속되면 권리가 된다더니 부모 자식 관계에서도 예외가 아니었다. 처음에는 조금 더 잘 시간이 생겼다고 환하게 웃던 아이의 얼굴이 점점 무표정으로 바뀌어갔다. 손이 많이 가는 아침 메뉴를 만들다가 출발이 조금 늦어지기라도 하면 미간에 골이 생겼다. 차를 타고 가는 동안 엄마가 태워주는 덕분에 편하지 않느냐고 생색이라도 내면 건성이라도 그렇다는 단답형 대답조차도 들을까 말까였다.

빚진 차비

오늘 아침에는 알람이 울리지 않아 둘 다 늦잠을 자는 바람에 비상이 걸렸다. 겨울이라 해가 늦게 떠서 시간이 많이 지난 줄도 몰랐다. 급한 대로 주전부리만 챙겨서 집을 나서야 했다. 평소보다 늦게 출발하는 바람에 출근 시간과 겹쳐 학교 가는 길이 더 멀게만 느껴졌다. 아이는 뒷자리에 앉아서 일 분에 한 번씩 한숨을 쉬었다. 스쿨버스보다 늦게 도착하면 연습실 자리가 하나도 없을 거라고 투덜거리는 소리를 반복하며 땅이 꺼질 듯 한숨을 쉬었다.

"너 삼십 분 아껴주려고 엄마가 들이는 시간이 얼마인지 알아?"

잔소리가 듣기 싫었는지 인사도 없이 문을 닫고 뛰어가는 아이의 뒷모습을 보니 기가 막혔다. 아무리 철이 없다고 해도 열 번 잘해 준 것은 잊어버리고 한 번 늦은 것만 탓을 하니 억울하기 짝이 없었다. 오늘처럼 버릇없이 굴면 다시 버스를 타고 다니라고 으름장이라도 놓아버릴까.

집으로 돌아오는 길, 신호를 기다리며 서 있는 동안 오래 전의 아침 풍경이 떠오른다. 엄마는 아침밥이 보약이라고 믿는 사람이었다. 외모에 부쩍 민감한 사춘기 딸은 밥을 먹는 것보다 외모를 꾸미는 일이 더 중요했다. 아침마다 머리를 감고 말리느라 밥 먹을 시간이 없다고 해도 막무가내였다. 사춘기 소녀에게는 아침밥 한 숟가락보다 머리에 롤을 한 번 더 마는 것이 중요하다는 것을 납득하지 못했다. 엄마의 등쌀에 승용차 뒷자리에서 접시에 담은 밥과 반찬을 먹으며 등교했다.

그날은 늦게 일어나는 바람에 겨우 머리만 감고 물이 뚝뚝 떨어지는 채 허겁지겁 나왔다. 준비물이 많아서 뒷자리에 가방을 먼저 싣고 앞자리로 옮겨 타려는 순간 쌩하니 차가 출발했다. 늦었다고 오두방정을 떠는 딸의 성화에 마음이 급해진 엄마가 뒤도 돌아보지 않고 차를 달렸다. 뒷문이 닫히는 소리만 듣고 내가 뒷자리에 앉은 줄 알았던 것이다. 핸드폰도 없던 시절이라 연락할 방법도 없어 멀어지는 차를 보며 발만 동동 굴렀다. 한참이 지난 후에야 엄마는 내가 타지 않은 것을 알고 급히 되돌아왔다.

"세상에, 니가 없는 줄 까맣게 몰랐다. 물어도 대답이 없어서 뒤를 보니까 가방만 있더라."

"몰라, 엄마 때문에 망했어요. 오늘 지각해서 벌점 받게 생겼어요."

그때는 철이 없어서 잘 되면 내 덕, 못 되면 엄마 탓이라고 생각했다. 따로 돈을 맡겨놓은 것도 아니면서 부모님이 아침마다 차로 데려다주는 수고를 당연하게 여겼다.

그러고 보니 옛날 우리 집에서 학교까지 걸리던 시간과 지금 내가 아이를 데려다주는 시간이 얼추 비슷하다. 예전에 부모님에게 빚진 차비를 내 아이에게 치르고 있는 셈인가. 이십 년이 훌쩍 지난 지금에 와서야 딸의 시간을 벌어주려고 부모님이 얼마나 고생했는지를 조금이나마 깨닫는다. 이제 고작 일 년 지났으니 아직 갚아야 할 빚진 차비가 많이 밀려있다. 내 속에서 나온 우리 아이도 이십 년은 훌쩍 지나야 외상으로 달아 놓은 차비를 떠올리게 되지 않을까.

온새미로

 중학교 졸업반이 된 딸아이에게 놀라운 소식을 들었다. 올해부터는 학교 복장 검사 때 입술에 색을 입히는 립 틴트를 허용해 주기로 했다는 것이다. 학생회와 학부모 위원, 교사들이 함께 한 회의에서 토의 끝에 최소한의 외모 단장을 허락하는 쪽으로 규정이 바뀌었다고 한다. 짙은 색조 화장품인 립스틱에 비할 바는 아니지만 틴트도 제법 입술에 색을 입히는 일종의 화장품인데 학교에서 눈감아 주겠다니 학부모로서는 입이 떡 벌어질 만한 이야기였다.
 요즘 아이들은 비교적 일찍 화장품에 눈을 뜬다. 중고등학생은 말할 것도 없고 초등학생조차도 립글로스를 바른 모습을 심심찮게 본다. 외모에 관심이라고는 없던 우리 아이도 중학교에 들어가면서부터 부쩍 거울 앞에 서 있는 시간이 길어졌다. 밖에

나갔다가 화장품 가게 앞을 지날 때면 눈을 떼지 못했다. 처음에는 아이 쇼핑만 하더니 어느 날은 빨간 립글로스를 사 왔다.

 립글로스를 시작으로 딸아이의 책상 서랍 속에는 화장품의 종류가 차곡차곡 늘어갔다. 어느 날은 눈썹연필을 샀는지 송충이 눈썹을 하고 나타나지를 않나, 또 어떤 날은 강시처럼 허옇게 뜬 얼굴로 나와 가족들을 놀라게 했다. 화학 성분 때문인지 화장을 한 다음 날에는 어김없이 뾰루지가 올라왔다. 그 나이는 오히려 민낯이 더 예쁘다고 아무리 말해 주어도 귀에 들어오지 않는 눈치였다.

 내가 딸아이 나이였을 때도 선생님과 어른들이 입을 모아서 "지금 너희들 나이는 꾸미지 않는 게 가장 예쁘다."고 했다. 귀에 딱지가 앉을 만큼 타일러도 어른들의 말을 곧이곧대로 믿지 않는 것은 예나 지금이나 똑같았다. 그때는 소위 잘나가는 아이들 사이에서 눈썹을 얇게 다듬어 갈매기 모양으로 만드는 것이 유행이었다. 앞머리는 무스와 스프레이를 잔뜩 발라서 뽕을 넣은 듯 동그랗게 말고 있어야 멋을 좀 안다고 통했다. 멋쟁이들은 교문을 통과하자마자 교복 치마허리를 몇 겹으로 접어 조금이라도 더 다리를 드러내고 다녔다. 무시무시한 벌점과 오리걸음도 예뻐지고 싶은 여학생들의 욕구를 막지는 못했다.

 친구들과 다르게 나는 외모에 통 관심을 두지 않았다. 수세

미처럼 꼬인 반곱슬 머리카락을 손질하기가 까다로워 항상 귀가 반 이상 보이는 짧은 커트 머리를 해서 무스를 바를 일이 없었다. 뺨에는 사시사철 붉은 여드름 꽃이 피어 있으니 꾸민다고 티가 날 얼굴이 아니었다. 소풍날도 어떤 옷을 입을지 고르기가 귀찮아서 교복을 입고 싶을 정도로 꾸미는 일에 젬병이었다. 꾸미지 않는 것이 오히려 예쁘다는 어른들의 말을 믿어서라기보다 꾸며봤자 티가 안 날 것 같아서 포기한 쪽이었다.

그랬던 내가 대학교 신입생 오리엔테이션에 다녀온 뒤로 외모 치장에 눈을 떴다. 예쁘게 꾸민 선배 언니들의 모습에 자극을 받았다. 하루빨리 촌티를 벗고 세련미를 풍기는 여인이 되고 싶은 욕심에 두꺼운 분으로 얼굴을 덧칠하고 시뻘건 립스틱을 발랐다. 미용실에 달려가서 머리도 볶고, 두 눈 질끈 감고 귀까지 뚫었다.

얼마 전까지만 해도 고등학생의 때를 벗지 못하던 내가 하루 아침에 빨간 립스틱에, 시퍼런 눈화장까지 한 모습에 선배들이 눈을 동그랗게 떴다. 졸업을 앞둔 여자 선배가 웃음을 꾹 참고 한마디 던졌다.

"새내기는 풋풋한 게 매력이야. 나중에는 화장을 안 하고 싶어도 그럴 수가 없다니까."

누구에게나 청춘은 그 자체로 반짝반짝 빛나는 시간이다. 두꺼운 화장품으로 덮어버리기에 아까운 풋풋한 아름다움을 그때는 까맣게 몰랐다. 지금 그 무렵의 사진을 꺼내 보면 엄마 화장품을 몰래 찍어 바르고 나온 것처럼 어색하고 촌스러워서 누가 볼까 무섭다.

일 분이 아쉬운 아침 시간인데 딸아이가 욕실에서 나올 생각을 않는다. 밥숟가락도 뜨는 둥 마는 둥 하더니 거울 앞에 붙어서 입술을 오므렸다 폈다 난리다. 1교시에 졸업 사진을 찍는데 야식을 먹는 바람에 얼굴이 부었다며 난리다. 입술에는 무슨 짓을 했는지 평소보다 붉은 기가 돈다.

"나중에 졸업 사진 다시 보면 맨얼굴로 찍은 친구가 더 예쁠 거다."

아무리 진실을 말해 주어도 지금은 그저 꼰대 냄새나는 어른들의 잔소리로 들리겠지. 세월이 훌쩍 지나서, 예뻐 보이기 위해서가 아니라 도저히 가리지 않을 수 없어서 화장품을 찍어 바르는 날이 오면 온새미로 있을 때 가장 아름다웠던 학창 시절이 그리워질 것이다.

4
빠져들다

바람이 나도 단단히 났다. 시도 때도 없이 남자들의 목소리가 스테레오로 귓가에 맴돈다. 한 남자를 좋아하기도 벅찬데 네 사람을 동시에 품었으니 심장의 두근거림 수치가 한계치를 넘나든다.

- 옆모습

- 소리를 죽이다

- 라면 콘체르토

- 라이브

- 외로운 항해

- 방탄의 소녀

- 들어주는 귀

옆모습

 바람이 나도 단단히 났다. 시도 때도 없이 남자들의 목소리가 스테레오로 귓가에 맴돈다. 향기로운 커피를 마실 때면 커피향을 닮은 그윽한 저음이 떠오르고, 달콤한 케이크를 먹을 때도 달달한 음색의 뮤지컬 가수가 귀를 녹인다. 부드러운 바람이 불면 바리톤의 편안한 음색이 생각난다. 붉은 노을이 번진 하늘은 정열적인 테너의 고음과 닮았다. 한 남자를 좋아하기도 벅찬데 네 사람을 동시에 품었으니 심장의 두근거림 수치가 한계치를 넘나든다.
 몇 년 전, 크로스오버 사중창단을 뽑는 팬텀싱어라는 오디션 프로그램이 있었다. 성악가는 물론이고 뮤지컬배우, 연극인, 판소리꾼까지 가지각색의 참가자 중 네 명을 뽑아 크로스오버팀을 만드는 프로젝트였다. 시즌3까지 방송이 이어졌고 그동안

결승에 진출한 아홉 팀이 모여 다시 별들의 전쟁을 치렀다. 실력자 아홉 팀을 모아서 새로운 방식으로 매주 흥미진진한 대결이 펼쳐졌다. 매주 화요일 저녁마다 텔레비전 앞에 붙어 앉아 올스타전을 챙겨보는 재미에 석 달이 순식간에 지나갔다.

방송 프로그램이 끝난 후에도 좀처럼 여운이 가시지 않았다. 잠시 설레다 말겠거니 했는데 시간이 갈수록 오히려 금단 증상이 깊어졌다. 내가 응원하는 '미라클라스'라는 팀의 노래는 들어도 들어도 질리지 않는 매력이 있어 좀처럼 헤어나올 수가 없었다. 매번 되돌려 듣기를 할 때마다 다른 색으로 다가와 감성을 자극하니 지겨울 새가 없었다.

드디어 뜨겁게 달아오르던 팬심을 발휘할 기회가 왔다. 서울에서 미라클라스 콘서트가 있다는 소식에 알람까지 맞추어가며 예매 전쟁에 뛰어들었다. 손가락이 보이지 않는 속도로 새로고침 버튼을 누른 끝에 간신히 시야 방해석이라고 이름 붙은 끄트머리 자리를 건졌다. 다른 공연 같았으면 구석이라 쳐다보지도 않았을 텐데 워낙 경쟁이 치열해서 찬밥 더운밥 가릴 처지가 아니었다.

공연장에 도착해 보니 예상보다 훨씬 더 왼쪽으로 치우친 자리였다. 이 정도로 무대 옆구리 쪽에서 공연을 보는 것은 처음이라 살짝 당황스러웠다. 그래도 실제로 목소리를 들을 수 있다는 데 의미를 두고 실망 대신 기대감으로 손을 모았다.

웅장한 오케스트라 반주를 뚫고 네 남자가 무대 위로 등장했다. 전주가 끝나고 한 명씩 차례로 마이크를 들었다. 그런데 뭔가 이상했다. 분명히 네 명이 힘차게 노래를 부르고 있는데 내 자리에서는 오케스트라 볼륨만 크고 가수들의 음성이 제대로 전달되지 않았다. 음향 스피커가 정면 방향의 객석으로 집중되어 있어서 그런 듯했다. 곡이 클라이맥스에 도달했을 때도 누군가가 손바닥으로 귀를 가려놓은 듯이 갑갑한 느낌이었다. 아차 싶었지만 어쩔 수 없는 노릇이었다.

소리가 반쯤 깎여서 들리는 자리에 앉은 이상 음향에 대한 미련은 접어두고 시각에 더 집중하기로 했다. 그나마 무대 바로 옆이라 스크린을 통하지 않고 가수들의 얼굴을 맨눈으로 확인할 수 있어서 다행이었다. 화면으로만 보던 멋진 네 남자가 가까운 위치에 서 있으니 반가워서 하마터면 마스크 밖으로 환호성이 튀어나올 뻔했다.

지금까지 내가 누군가의 옆모습을 긴 시간 집중하여 지켜본 적이 있었던가. 정면에서 미처 발견하지 못한 숨겨진 감정이 옆모습에서 드러났다. 관객을 향해 활짝 열린 입술과 달리 턱 밑의 근육은 속마음을 다 감추지 못하고 긴장한 티가 역력했다. 특히 고음을 낼 때 핏대 선 목은 분장으로도 가려지지 않는 날것의 모습이었다. 화려한 조명을 받으며 관객을 향해 지어보이는 앞모습의 미소가 노력해서 만든 것이라면 옆모습은 뜻밖에 마주한 꾸미지 않은 진짜의 모습이다.

 화면으로 볼 때는 잘 몰랐던 사소한 몸짓이나 발성을 할 때 부풀었다 줄었다 하는 등 근육을 보는 재미도 신선했다. 소리는 목에서 나오는 것이기도 하지만 등과 옆구리가 부지런히 움직여야 더 깊은 울림이 나온다는 것을 옆에서 확인했다. 평소 카메라에 자주 잡히지 않았던 옆얼굴 라인도 제대로 감상했다. 덤으로 관객을 등지고 서서 오케스트라를 지휘하는 마에스트로의 표정과 추임새를 지켜보는 재미도 쏠쏠했다. 옆으로 많이 치우친 자리에 앉는 바람에 소리보다는 시각에 더 집중하게 되었지만 옆모습에서 소리의 근원을 발견한 기분이었다.

 프로그램에 있는 노래가 모두 끝났다. 객석에 조명이 들어오자 정신이 번쩍 들었다. 네 남자의 매력에 빠져 허우적거리는 내 옆모습을 누군가 지켜보았다면 어떻게 보였을까. 네 남자의 옆모습을 훔쳐보느라 정신이 반쯤 나간 듯한 내 민모습에 웃었을지도 모르겠다. 옆모습에는 앞에서 보지 못한 진짜의 표정이 숨어 있다. 나의 숨은 옆모습을 누군가에게 들킨 듯해 종종걸음으로 공연장을 나섰다.

소리를 죽이다

까막눈도 이런 까막눈이 없다. 검은 것은 글씨고 하얀 것은 종이라는 표현이 딱 지금의 내 마음이다. 오선지 위에서 현란하게 춤을 추는 음표가 복잡한 암호만큼이나 난해하다. 어쩐지 내가 낄 자리가 아닌 것 같은 어색함 때문에 괜히 악기를 한 번 더 닦는다.

오늘은 교향곡 합주 연습을 시작하는 날이다. 전에는 캐럴이나 팝송 같은 가벼운 곡을 다루었기 때문에 나 같은 아마추어도 큰 부담 없이 슬쩍 숟가락을 얹을 수 있었다. 초견이 조금 어려워도 집에서 며칠 플루트를 불고 가면 박자를 따라갈 정도의 수준이었다.

그런데 내가 속한 동호회가 갑자기 몸집을 키우면서 연주곡의 스케일이 확연히 달라졌다. 같은 아파트 사람들끼리 모여 좋아하는 음악을 연주해 보자는 취지로 가볍게 출발했던 모임에 알음알음으로 음악 전공자들이 합류하기 시작한 것이다. 그 인연으로 또 다른 전공자들이 여러 명 들어오면서 판이 점점 커졌다. 이웃

끼리의 모임에서 벗어나 지역사회에서 인정받는 음악연주 동호회로 발전하자는 목표를 세우고 정기 연주회를 열기로 했다.

다양한 악기의 프로 연주자들과 어울리는 일은 생생한 라이브 연주를 들으며 자극도 받을 수 있는 좋은 기회다. 문제는 전공자와 아마추어 사이의 간격이 멀어도 너무 멀다는 것이다. 어릴 때부터 음악을 했고 그것을 업으로 삼는 사람들은 아무리 복잡한 곡이라도 한두 번 눈으로 읽기만 하면 금방 그럴 듯한 선율을 만들어낸다. 아마추어 입장에서는 단순한 구성의 곡이라면 대충 흉내라도 낼 수 있었는데 복잡한 교향곡 악보는 따라갈 의지마저 사라질 정도로 어렵다. 곡도 길어진데다 생전 처음 보는 악상 기호가 곳곳에 포진해 잔뜩 노려보고 있으니 주눅이 들어 악기를 잡은 손이 떨린다.

그 중에서도 나를 가장 괴롭히는 것이 숨겨진 마디다. 오케스트라의 파트 악보에서는 다른 악기가 연주할 때 내 파트가 쉬는 부분은 음표가 생략되어 표시되기 때문에 숨겨진 마디는 순전히 귀로 들으면서 따라가야 한다. 멀쩡하게 표시해 놓은 음표를 읽는 것도 벅찬데 다른 악기가 내는 소리를 듣기만 하면서 중간에 내 박자를 찾아서 들어가는 일이 결코 녹록지 않다. 몇 마디 쉬고 마는 것이 아니라 수십 마디를 쉬는 부분도 있어서 눈과 귀가 소리를 따라가지 못한다. 처음에는 아예 손을 놓고 멀뚱히 음을 놓치고 있다가 곁눈질로 같은 파트에서 다른 연주자가 악기를 드는 타이밍에 플루트를 들어서 겨우 몇 마디 소리를 얹는다. 악보 보랴, 옆 사람 보랴 정신이 없는 나에게 선생님은 마음속으로 박자를 세면서 따라가라고 귀띔한다. 내 연주가 없는 부분에서 박자를 죽이는 타이밍만 잘 맞추어도 절반의 성공이라며 용기를 북돋아준다.

좋은 소리로 박자를 살리는 것만 멋지다고 생각했는데 박자를 죽이는 일도 소리를 내는 것만큼이나 중요하다는 말에 고개가 끄덕여진다. 합주에서는 화려한 개인의 소리보다 조화로운 전체의 음을 만들어야 곡이 완성된다. 그러기 위해서는 정확한 박자에 맞추어 소리를 내고 빠질 줄도 알아야 한다. 아무리 화려한 소리를 가졌더라도 쉬어야 할 부분에서 튀어나오게 되면 불협화음이 되고 만다.

음악에서 박자를 잘 세는 것이 연주의 성패를 좌우하듯 가정이라는 악보에서도 박자를 제대로 세는 일이 중요하다. 신혼 때는 조금 까다로운 음표가 나와도 두 사람이 크게 엇박자를 만들지 않으면 새로운 마디로 넘어갈 수 있었다. 시간이 흘러 아이들이 합류하면서 악보가 한층 복잡해졌다. 세월이라는 경력 앞에서 예전보다 악보를 읽는 눈이 생겼다고 생각했는데 나만의 착각이었다. 내 소리를 강하게 내야 할 부분과 소리를 죽이고 기다려야 할 지점을 구분하는 것이 갈수록 어렵다. 한 곡 안에서 아내, 며느리, 딸, 엄마라는 여러 파트를 겸하다보니 더 정신이 없다.

그 중에서도 박자를 맞추기가 가장 까다로운 영역은 엄마로서의 파트다. 아이와 나 사이에 놓인 악보에서는 별안간 조가 바뀌고 박자가 어디로 튈지 몰라서 늘 조마조마한 마음으로 음표를 따라간다. 무슨 대단한 벼슬인 줄 아는지 자기가 불리할 때마다 '사춘기'라는 단어를 방패로 삼는 아이 앞에서 소리를 죽이고 있으면 속에서 열이 끓는다. 겨우 한 템포 참고 있다가도 도약해야 할 마디에서 태연하게 쉼표로 늘어져 있는 아이를 보면 도저히 끼어들지 않을 수 없다. 연주의 완성도를 높여보겠다는 욕심에 내 음표가 없는 부분에 빠른 박자로 끼어들어 충고 몇 마디를 넣으면 어김없이 날카로운 불협화음이 생긴다. 엄마의 말을 불필요한 '참견'으로만 받아들이는 사춘기 아이에게는 소리를 죽이고 조용히 지켜봐 주는 것이 정답일 텐데 말처럼 쉽지가 않다. 과연 잔소리와 자유 사이에 균형 잡힌 화음이란 것이 존재하기는 할까.

반복해서 연습하는 동안 곡이 몇 바퀴 돌았다. 손가락을 폈다 접었다 하며 박자를 세지 않아도 아까보다는 확실히 음이 귀에 익은 느낌이다. 내 파트가 나오지 않는 부분에서 여전히 마음속으로 하나, 둘 박자를 세며 들어야 하지만 조금씩 감이 온다. 박자를 쉬어야 하는 곳에서 소리는 죽이되 오히려 더 집중해서 박자를 놓지 않아야 음을 놓치지 않는다. 비워진 마디에 새겨진 보이지 않는 음표들이 가르쳐 준 하나의 울림이다.

라면 콘체르토

가느다란 손가락이 쉴새 없이 피아노 건반을 두드린다. 후반으로 갈수록 점점 피아노가 달아올라 손끝이 닿는 곳마다 뜨거운 음표가 사방으로 흩날린다. 관객들의 박수 소리에 연주자가 일어나 허리를 숙여 인사를 한다. 드레스를 차려입고 화장까지 해서 그런지 오늘 아침 집에서 보던 아이가 아닌 듯 새로워 보인다. 객석에 앉은 채 무대에 선 아이를 바라보니 언제 저렇게 컸나 싶어 뭉클하다.

지도 선생님의 배려로 고등학생인 아이가 대학생들과 한 무대에 오를 기회가 생겼다. 연주 기념으로 근사한 식당에 데려가 외식을 할 요량으로 어떤 메뉴를 원하느냐고 물으니 대답이 가관이다. 첫 번째도, 두 번째도 무조건 라면이 먹고 싶단다. 오늘처럼 특별한 날 기껏 생각한 음식이 라면이라니 어이가 없어 웃음이 나온다. 날이면 날마다 오는 기회가 아니라고 다시 물어도 대답은 바뀌지 않는다.

"오늘 같은 날은 꼭 라면을 먹어줘야 해. 내가 피아노를 전공하도록 만든 주인공이잖아."

딸이 6학년이 되던 해, 부산으로 거처를 옮겨 왔다. 전학을 마치고 집 근처에 괜찮은 음악 학원을 수소문했다. 어른이 되어서도 자기가 좋아하는 곡 하나 정도는 연주할 수 있으면 멋질 것 같아 초등학교를 마칠 때까지 피아노를 계속 배우게 할 참이었다. 주변의 추천으로 아파트 단지 안에 있는 피아노 학원에서 상담을 하고 레슨을 받기로 했다.

피아노 수업을 받고 온 첫날부터 아이 얼굴에 먹구름이 잔뜩 끼었다. 대뜸 한다는 소리가 피아노를 그만두겠다는 것이었다. 전에 배웠던 선생님과 가르치는 스타일이 다르고 말투도 무서워서 가기 싫다고 했다. 여기서 그만두면 몇 년 동안 피아노를 배운 보람이 없으니 조금만 더 참아보라고 설득했지만 막무가내로 거부했다. 평소에 유순한 편이어도 한 번 고집을 부리면 쇠심줄 같은 성질이 있다는 것을 알기에 난감했다. 이럴 때는 마음을 돌릴만한 확실한 미끼가 필요했다.

"좋아하는 라면 끓여줄 테니까 일단 먹고 다시 생각해."

가장 좋아하는 음식인 라면을 준다고 하니 조금 전까지만 해도 불만에 가득 차 있던 눈이 금세 반짝반짝 빛났다. 내 눈높이와 비슷하게 키가 훌쩍 컸다고는 해도 껍데기만 커졌지 알맹이는 철부지 그 자체였다. 라면 그릇에 코를 박고 연신 젓가락질을 하는 아이에게 피아노 학원에 잘 다니면 내일도 라면 끓여줄 테니 잘 생각하라고 슬쩍 양념을 쳤다. 웬만큼 졸라도 라면을 주지 않는 엄마가 먼저 라면을 끓여준다고 하니 아이로서는 솔깃할 수 밖에 없는 제안이었다.

다음 날도, 그 다음 날도 아이는 라면 한 그릇에 눈이 멀어 순순히 피아노 학원에 갔다. 일주일을 꼬박 다니고 나서 묻지도 않았는데 먼저 피아노 얘기를 꺼냈다. 선생님이 생각보다 잘 가르쳐주신다고 해서 그제야 마음을 놓았다. 그 뒤로는 라면이 식탁에 오르는 횟수를 슬그머니 줄였다. 피아노에 재미를 붙였으니 미끼를 자주 쓸 이유가 없었다.

몇 달 후 피아노 콩쿠르에 참가 신청서를 내더니 늦게까지 남아 연습을 하고 왔다. 몇 년 만에 나간 대회에서 작은 상을 받게 되어 입이 귀에 걸렸다. 나중에는 본인이 먼저 피아노를 전공하고 싶다고 말을 꺼냈고, 예고에 입학해 꿈을 향해 한 걸음씩 나아가는 중이다. 라면 한 그릇이 진로를 결정하는 마중물이 된 셈이다.

뜨거운 라면 한 그릇을 받아든 아이의 얼굴에 행복이 모락모락 피어난다. 밥을 먹을 때는 새 모이 먹듯이 깨작이면서 희한하게 라면을 먹을 때는 식욕이 폭발한다. 마지막 면발 한 가닥까지 놓치지 않고 깨끗이 비운다.

한동안 잊고 지냈던 라면의 활약상을 생각하니 결코 홀대할 존재가 아니다. 인스턴트식품이면 어떻고 조미료가 들어간들 무슨 상관인가. 어쨌든 꿈을 찾아가는 과정에서 도움을 준 고마운 음식이니 그것만으로도 충분하지 않은가. 때로는 쫄깃한 면발을 닮은 탱탱한 소리로, 때로는 칼칼한 국물맛을 닮은 얼큰한 연주를 할 수 있도록 한 가닥의 정성이라도 보태고 싶다. 적어도 오늘만큼은 세상에서 가장 근사한 요리를 만드는 요리사의 마음으로 특별한 라면을 끓여볼 참이다.

라이브

 취미로 플루트를 배우기 시작한 지 몇 달이 지났을 무렵, 덜컥 무대에 설 기회가 생겼다. 동호회 모임에서 장기자랑 순서 때 플루트를 불어 보라는 제의가 들어왔다. 이제 겨우 바람 새는 소리를 면한 정도의 초보자라고 손사래를 쳤지만 아무 노래나 한 곡만 불면 된다며 내 이름을 순서지에 올렸다.

 그동안 새로운 악기를 배운답시고 일은 벌려놓았지만 짬이 나지 않는다는 핑계로 연습에 소홀했었다. 느긋하게 게으름을 피우던 나에게 발등에 불이 떨어진 것이다. 레슨 선생님과 상의해 분위기가 있으면서도 너무 어렵지 않은 곡을 정한 후 본격적인 연습에 들어갔다. 구체적인 목표가 생기고 나니 자의 반 타의 반으로 벼락치기 연습벌레가 되었다. 보름이 넘도록 바짝 연습에 매달렸지만 생각처럼 쉽게 원하는 소리가 얻어지지 않았다.

드디어 행사날이 다가왔다. 플루트는 연주자의 숨소리 하나에 음색이 완전히 달라지기 때문에 당일 컨디션이 무척 중요하다. 연습 때 아무리 잘 불어도 본 연주에서 음이 틀려버리면 소용이 없다. 잔뜩 긴장한 탓인지 자꾸만 입술이 말라붙었다. 늘 혼자서 악기를 불다가 수십 개의 눈이 나를 지켜본다고 생각하니 심장이 엇박자로 두근거렸다.

반주가 깔리고 박자에 맞추어 첫 음을 불었다. 지금 이 순간을 위해 수백 번도 더 연습한 첫 소리였는데 리허설 때와는 다르게 거친 소리가 불쑥 튀어나왔다. 사람들의 눈과 귀는 온통 나에게 집중되어 있는데 첫 소리부터 제대로 나오지 않으니 긴장한 입술과 손이 더욱 굳었다. 어떻게 지나갔는지도 모르게 정신없이 전반부가 끝났다. 마지막 고음부에 이르러 배에 잔뜩 힘을 주고 숨을 한껏 들이쉬어 입술에 힘을 주었더니 이번에는 너무 센소리가 나와 음 이탈이 나고 말았다.

라이브 무대는 생생한 현장감이 살아 있어 연주자와 관객이 함께 호흡을 느낄 수 있는 장점이 있다. 하지만 한 번 음이 틀리면 반주를 끊고 다시 불 수도 없기 때문에 팽팽한 긴장감과 부담이 뒤따른다. 실수한 부분이 자꾸 떠올라 찜찜한 마음으로 연주를 마치고 무대에서 내려왔다. 무대를 망쳤다는 창피함에 얼굴이 달아올라서 물도 제대로 넘어가지 않았다. 첫 연주치고는 나쁘지 않았다는 억지 위로를 들으니 오히려 기분이 가라앉았다. 나의 생애 첫 라이브 연주는 씁쓸하게 마침표를 찍었다.

해가 바뀌고 그날의 악몽이 가물가물해질 즈음 또 한 번 연주 제의가 들어왔다. 이번에는 동호인뿐만 아니라 다른 손님들도 초대하는 제법 큰 행사였다. 서툰 실력으로 잔치에 찬물을 끼얹으면 어쩌나 싶어 거절할까도 생각했지만 곰곰이 생각해 보니 지난 번의 실수를 만회할 기회였다. 일단 해 보겠다고 간 큰 약속을 했다.

두 곡을 정해 본격적인 연습에 돌입했다. 먼저 눈으로 복잡한 음표를 하나하나 익혔다. 눈에 익고 나면 다른 연주자들이 녹음한 연주를 들으며 귀로 악보를 익혔다. 그렇게 눈과 귀에 익숙해진 곡이라도 손가락이 자유자재로 움직이기까지는 꽤 오랜 시간이 필요했다. 나중에는 설거지를 할 때도, 청소기를 미는 동안에도 귓가에 환청처럼 플루트 소리가 따라다녔다.

연주회날이 되었다. 지난번에 무대에 서 본 경험도 소용이 없는지 이번에는 리허설 때부터 악기를 잡은 손이 떨리기 시작했다. 연습을 충분히 했기에 나름 자신 있었는데 막상 무대를 보니 가슴이 또 방망이질을 해대는 것이었다.

첫 번째 곡의 익숙한 반주가 깔리고 박자에 맞추어 첫 음을 불었다. 잔뜩 긴장한 탓에 호흡이 부족했는지 악기 소리가 연습 때만큼 크게 나오지 않았다. 무정한 반주는 척척 흘러가는데 플루트 소리가 생각만큼 나오지 않아서 호흡은 더 거칠고 짧아졌다. 박자를 틀리거나 음 이탈이 나지는 않았지만 풍성한 음색이 나오지 않아서 만족하지 못할 무대였다. 다행히 두 번째 곡을 부를 때는 긴장을 털어내고 실수 없이 깨끗하게 마무리를 하고 내려왔다.

예전에 내 연주를 들었던 사람들이 전보다 소리가 좋아졌다며 큰 박수를 보내 주었다. 실력에 비해 과분한 칭찬과 격려였다. 반응이 좋아도 스스로는 실수한 부분만 도돌이표처럼 맴 돌아서 못내 아쉬웠다. 나름대로 부지런히 연습을 했건만 실전과 연습의 무게 차이는 엄청났다.

그런데 가만 보니 라이브는 금방 지나가고 마는 것이었다. 내가 플루트를 조금 더 잘 불거나 못 불거나 다른 사람들은 오래 기억하지 않는다. 다음 순서가 되자 모두들 그 쪽에 신경이 팔려서 조금 전 내 플루트 소리는 흔적도 없이 사라졌다. 잘하건 못하건 그렇게 잠시 머물다가 사라지는 것이 라이브 연주의 묘미다. 슬쩍 지나가고나서 다시 돌아오지 않는 라이브 연주에서 한 군데를 틀렸다고 해서 더 이상 속상하고 말고 할 일이 아니었다.

어쩌면 지금 내가 살아가는 이 모든 순간이 인생이라는 교향곡을 라이브로 연주하는 과정인지도 모르겠다. 어떤 악장에서는 눈에 익은 쉬운 음표들이 많아서 느긋하게 여유를 부리다가 갑자기 박자가 바뀌고 템포가 빨라지면 호흡이 급해지기도 한다. 어렵기만 하던 낯선 음표도 점점 눈에 익다보면 전보다 편하게 넘어갈 수 있는 순간이 온다. 본인의 연주가 마음에 차든 그렇지 않든 간에 무시로 시간은 흘러간다. 실수한 부분으로 다시 돌아갈 수 있다면 전보다 잘할 수 있을 것 같다는 생각이 들지만 인생에서도 한 번 지나간 악보는 다시 되돌릴 수가 없다. 그렇기에 매 순간순간 최선을 다하는 것밖에 답이 없다.

다행인 것은 라이브 연주는 기억에서 금방 잊혀진다는 것이다. 실수를 해도 금세 다음 마디에 묻혀 재생되지 않는다. 그러니 나쁜 기억은 빨리 지우개로 지우고 넘어가는 것이 상책이다. 나쁜 기억에 발목이 붙들려 인생의 다음 마디를 제대로 살아가지 못한다면 곡 전체의 완성도를 해칠 뿐이다. 다행인지 불행인지 인생이라는 악보에는 한 순간도 도돌이표가 없다. 실수한 구간이 있어도 다시 재생할 수 없기 때문에 잘하든 못하든 앞으로 나아가는 것이 중요하다. 기억해야 할 일까지 묻어버릴 정도로 잘 잊어버리는 성격 덕분에 다음에 연주 제의가 오면 감히 또 도전장을 내밀 수 있을 것 같다.

외로운 항해

뱃고동 소리를 닮은 시작종이 울린다. 화려한 드레스를 차려입은 주인공이 무대 가운데로 걸어 나온다. 객석이 어두워지고 무대의 피아노 위로 조명이 쏟아진다. 객석을 둘러본 피아니스트는 자리에 앉아 숨을 고른다. 피아니스트의 손가락이 피아노 위로 튀어 오르는가 싶더니 이내 화려한 물보라를 만들어낸다.

오늘 공연은 지역의 문화회관에서 정기적으로 마련하는 무대다. 부산에서 활동하고 있는 예술가들이 지역 관객과 만날 수 있도록 하는 취지로 열리는 것이라 공연장 문턱이 높지 않다. 그런데도 이상할 정도로 객석이 휑하다. 내 앞줄도 뒷줄도 썰렁하기 짝이 없다. 사백 개가 넘는 의자 중 십 분의 일도 주인을 만나지 못했다. 그나마 드문드문 앉은 관객들도 가까운 친지들인 듯 보인다.

이방인이 괜스레 앞자리를 차지했나? 민망한 마음을 떨치려고 들어올 때 받은 팸플릿을 펼쳐본다. 프로필 칸이 빼곡하다. 서울의 명문대학교를 졸업하고 바다를 건너 미국에서 학위를 따온 재원이다. 각종 콩쿠르에서 입상도 했고, 외국의 큰 공연장에서도 수차례 연주회를 가졌다. 화려한 이력을 쌓은 연주자의 공연도 자리를 채우기가 쉽지 않은 걸 보면 예술의 바다 위에서 살아남으려면 엄청난 체력과 정신력이 필요하겠다는 생각이 든다.

객석에 여백이 많아서 그런지 피아니스트의 숨소리 하나, 몸짓 하나까지 생생하게 스며든다. 때로는 잔물결이 일듯 가벼운 손놀림으로 귀를 간질이기도 하고 어떨 때는 격정적인 파도 소리로 가슴을 적시기도 한다. 어깨가 훤히 드러나는 드레스를 입었음에도 땀방울이 반짝일 정도로 열정적인 연주다. 마지막 곡이 끝나고 피아니스트는 시작할 때처럼 잠시 숨을 가다듬는다. 피아노 옆에 서서 허리를 깊이 숙여 인사를 한다. 피서객이 떠나버린 썰렁한 바다 같은 객석을 마주하고도 동요하지 않는 모습이다. 마치 예상했다는 듯이 표정에는 흔들림이 없고 미소를 짓는 여유를 보인다.

의연한 모습으로 퇴장하는 뒷모습을 보며 만감이 교차한다. 이 무대에 닻을 내리기까지 오랜 세월 피아노라는 배 위에서 얼마나 쉬지 않고 노를 저었을까. 분야는 다르지만 나 역시 예술이라는 바다에 발을 담그고 있는 한 사람으로서 동병상련을 느낀다.

나는 그만큼 화려한 프로필의 소유자도 아니고 그가 음악에 바친 긴 시간과 노력을 생각하면 나란히 놓고 비교할 처지가 아니다. 그럼에도 불구하고 예술의 바다를 떠다니고 있다는 작은 교집합 하나만으로 낯선 피아니스트에게 감정이입을 하게 된다.

어렸을 때 막연하게 품었던 꿈을 서른을 훌쩍 넘긴 나이에 이루게 될 줄은 몰랐다. 운명인지 우연인지 뒤늦게 문학의 길에 들어와 등단을 하고 문인이라는 이름표를 얻었다. 내 이름 석 자가 박힌 책 한 권을 내는 행운도 따랐다.

그런데 이상한 일이다. 힘겹게 까치발을 들어서 한 발짝 뛰어올랐다 싶으면 한 뼘 더 멀어지는 풍선처럼 내 손안에 좀처럼 글이 들어오지 않는다. 글을 쓰면 쓸수록, 시간이 쌓이면 쌓일수록 머릿속이 더 비어가는 기분이다. 누구 하나 손꼽아 기다리는 사람도 없건만 혼자 조바심이 나기도 한다. 처음 문학을 접했을 때는 등단을 하고 나면, 작품집을 내면 앞길이 훤히 보일 것이라 믿었는데 오산이었다. 조금씩 호흡하는 법을 익히고, 있는 힘껏 물살을 갈라 발버둥을 쳐보아도 문학과 나 사이의 거리가 좁혀지지 않는다.

어쩌면 남들 눈에는 내가 쓰는 글이 자기 만족의 도구로 보일 수도 있고 지나간 시간에 대한 작은 기록쯤으로 보일지도 모르겠다. 아직도 누가 나에게 무슨 일을 하느냐고 물으면 글 쓰는 사람이라고 소개하기가 영 멋쩍기만 하다.

그럼에도 불구하고 혼자서 손에 꽉 붙들고 있는 글을 놓을 생각이 없다. 세상 사람들이 알아주는 유명 작가는 아니라 해도 내 이름으로 삶의 이야기를 묶을 수 있다는 것은 충분히 의미 있는 일이 아닐까. 세월에 색이 바랜 오래된 추억에 다시 색을 입히기도 하고, 꼭 기억하고 싶은 잊을 수 없는 순간을 단단하게 박제할 수 있다는 것은 근사한 일이다. 그 매력에 빠져 아직도 문학의 바다를 떠나지 못하고 있다. 문학이라는 작은 부표에 의지해 정처없이 떠다니는 동안 귀에 물이 들어오기도 하고 짠물을 마셔 속이 쓰리기도 하지만 한 발 더 나아가고 싶은 욕심이 나를 움직이게 만든다. 서툰 솜씨로 발차기를 하느라 두 배의 에너지를 소모하면서도 이곳을 벗어나고 싶지 않다.

작지만 뜨거운 박수 소리에 피아니스트가 다시 무대로 나온다. 객석을 천천히 둘러보며 눈빛으로 감사의 인사를 보낸다. 오늘의 항해가 외롭지 않았으면 하는 마음을 실어 박수로써 그를 배웅한다.

방탄의 소녀

어버이날을 맞아 흩어져 지내던 가족들이 모처럼 얼굴을 마주하고 앉았다. 한창 식사를 하던 중 시누이의 핸드폰이 울렸다. 메시지를 확인한 시누이가 미간을 살짝 찌푸렸다.

"아, 어떡해. 시험에 떨어졌네."

중요한 시험에서 고배를 마신 것 같아서 가족들이 걱정 어린 눈길을 보냈다. 갑자기 가라앉은 분위기 속에서도 시매부만 의미심장한 미소를 지었다.

"걱정 마세요. 이 사람 방탄소년단 팬클럽 시험에 떨어져서 저러는 겁니다."

모두들 눈이 동그래졌다. 팬클럽에 들어가려고 시험까지 친다니 무슨 일인가? 게다가 조카들이 응시한 것이 아니라 마흔 중반을 넘어선 시누이가, 아이돌의 공식 팬클럽이 되려고 시까지 봤다고 하지 않은가. 지금껏 한 번도 시험에서 떨어진 적이 없는 시누이가 낙방을 했다고 하니 이 무슨 상황인지 황당했다. 어렵다는 전문의 시험도 단숨에 통과한 사람이 아이돌 팬클럽 시험에서 떨어졌다고 낙담하고 있으니 다들 배꼽을 쥐고 웃을 수밖에 없었다.

그 때부터 화제의 중심은 건강도, 교육도 아닌 방탄소년단이 독차지했다. 'BTS'라고도 부르는 그들은 사춘기 소녀들의 대통령이라고 할 만큼 어마어마한 인기를 누리는 아이돌이다. 국내는 말할 것도 없고 수십만 장의 월드투어 콘서트 티켓을 순식간에 매진시킬 정도로 세계적으로 사랑받는 그룹이다.

워낙 뜨거운 연예인이라 그런지 공식 팬클럽에 가입하는 절차부터 여간 까다롭지 않다고 했다. 정회원이 되려면 시험을 통과하는 절차를 거쳐야 한단다. 문제가 주관식이고, 기획사 직원들이 하나하나 채점을 해서 결과를 발표하기 때문에 합격 여부를 알려면 최소 한 달이 넘게 걸린다고 한다. 멤버들의 행동 하나하나, 말투 하나하나까지 세세하게 알고 있어야 시험의 높은 벽을 넘을 수 있다나. 실제로 공식 팬 카페에 가입하기 위해서 5수 6수를 하는 사람도 있다고 하니 입이 벌어질 일이었다.

더욱 놀라운 것은 방탄소년단의 월드투어 콘서트를 보기 위해 시누이네 가족들이 7월에 일본으로 가족여행을 간다는 뉴스였다. 일본의 주소와 이름이 필요해서 시누이는 일본 이름까지

만드는 수고를 감수했다. 그곳에 사는 지인을 통해 주소까지 빌려서 일본 팬클럽에 가입하고 가까스로 표를 구하는 데 성공했다. 국내에서 열리는 공연은 표를 구하기가 하늘의 별 따기보다 힘들어서 그나마 조금 수월한 시즈오카를 택했다는 것이다. 연예인을 보고 싶은 마음이 얼마나 간절했으면 창씨개명까지 하느냐고 놀려도 시누이의 얼굴에는 미소가 떠나지 않았다.

시누이는 작년부터 팬으로 입문을 했다고 한다. 처음에는 사춘기 아이들과 대화의 공통분모를 찾아볼 생각으로 관심 있게 보기 시작했다. 공연 영상과 노래를 찾아서 보다가 하나 둘 애창곡이 생겼고, 점점 더 빠져들게 되어 본격적으로 '입덕'의 세계에 발을 들였다. 이를 계기로 자녀들과 정서적으로 가까워졌다면서 웃었다. 온가족이 일본 공연을 보러 간다는 소식에 부러워하던 딸은 고모에게는 존경의 눈빛을, 나에게는 깊은 한숨을 보냈다.

나에게도 '빠순이' 시절이 있었다. 지금처럼 다양한 매체로 연예인들의 모습과 근황을 볼 수 없었던 그 시절에는 좋아하는 연예인을 화면으로 만나기가 쉽지 않았다. 어쩌다 텔레비전 연예 프로그램에 그 가수가 나오기라도 하면 웬 떡인가 싶어 황송할 지경이었다. 겨우 사진 한 장 구하려고 버스를 세 번이나 갈아타고 다른 도시에 가는 수고도 마다하지 않았고, 기사 한 쪽지를 보관하려고 비싼 연예 잡지를 구입하기도 했다. 사춘기 시절 만큼 타오르는 마음은 아니었지만 대학교 시절에도 불씨가 남아 있었다. 이웃 학교에서 열리는 대학가요제 예선에 그가 온다는 소식을 듣고 수업도 팽개치고 달려갔다. 장미꽃다발을 안고 맨 앞자리에서 환호성을 발사했다.

마지막으로 그를 본 것은 데뷔 20주년 전국투어 공연 무대였다. 주부로 지내면서 한동안 잊고 지냈던 팬심이 동네에 붙은 콘서트 전단지를 본 후로 끓어오르기 시작했다. 제사 전날 열리는 콘서트를 보기 위해 며칠 전부터 부지런을 떨며 준비를 마쳤다. 십 년 만에 눈앞에서 노래를 부르는 모습을 보니 꿈을 꾸는 기분이었다. 콘서트의 여운이 진하게 남아 며칠 동안은 구름 위를 걷는 듯 들뜬 기분에 취해 지냈다.

지금도 라디오에서 그의 노래가 흘러나오면 자동으로 동작을 멈추게 된다. 짧은 노래 한 곡의 힘이 얼마나 대단한지 익숙한 선율이 흐르는 동안 머릿속에는 소녀 시절부터 아줌마가 되어 마지막 콘서트에 갔을 때의 기억들이 영화필름처럼 빠르게 스쳐간다. 적어도 그 시간 만큼은 현실을 잊고 소녀 시절로 돌아가 추억에 젖을 수 있다. 노래 한 곡이 사람에게 전해주는 에너지는 상상 그 이상이다.

"요즘 집사람 머릿속에는 방탄소년단 건강 걱정뿐입니다. 남편은 아프거나 말거나 관심도 없어요."

시매부의 질투 섞인 농담에 또다시 웃음바다가 되었다. 7월이 오기만을 손꼽아 기다리며 하루하루가 즐겁다는 시누이의 얼굴에 소녀처럼 생기가 돌았다. 사춘기 때도 안해 본 연예인 바라기를 하느라 인터넷을 뒤지다가 가끔 밤잠을 설친다는 말에 웃음이 나면서 한편으로는 그 열정이 부러웠다. 좋아하는 연예인으로 인해 단조로운 일상에 새로운 활력이 생긴 것을 보면 예술이 가진 힘이 어마어마하다는 생각이 든다.

가족 모임에 다녀온 이후로 작은 고민거리가 생겼다. 사춘기에 접어들어 부쩍 까칠 모드로 변해가는 딸과 나 사이에 새로운 돌파구가 필요하다. 방탄소년단은 더할 나위 없는 공통분모가 아닌가. 그런데 아무리 생각해 봐도 '오빠'를 외치는 것에 익숙하던 내가 조카뻘 아이들에게 하트를 날릴 생각을 하면 닭살부터 돋으니 팬 카페 입성의 문은 높아만 보인다.

들어주는 귀

 중년의 피아니스트가 단상 앞으로 씩씩하게 걸어나온다. 세계적으로 이름을 떨친 피아니스트는 어떤 아우라를 풍길까 내심 기대했는데 예상과 다르다. 따로 소개를 하지 않았더라면 이웃집 아주머니로 믿을 만큼 평범하고 푸근한 인상이다.
 오늘 행사는 피아니스트 백혜선 씨가 재능 기부 차원에서 학생들의 연주를 듣고 무료 지도를 하고자 마련한 자리다. 그녀는 피아노 앞 탁자에 앉아 시종일관 메모를 하며 학생들의 연주에 귀를 기울인다. 학생들이 준비해 온 곡을 듣고 난 후 열과 성을 다해 조언을 해 주는 모습에 지켜보는 관객들도 숨을 죽이고 몰입하는 분위기다.
 마스터 클래스 순서가 끝나고 관객들에게 질문을 받는 시간이다. 아까부터 맨 앞자리에 앉아 악보를 펴고 귀를 쫑긋 세우고 있던 열성 청중 한 명이 손을 번쩍 든다.

"선생님처럼 멋진 연주를 할 수는 없겠지만 조금이라도 나은 소리를 내려면 어떻게 해야 하나요?"

그는 음악 전공자는 아니지만 몇 년 전부터 음악에 뜻이 있어 선생님을 찾아다니며 늦은 피아노 공부를 시작했다고 했다. 어릴 때 피아노를 전공하고 싶었지만 여건이 되지 않아 다른 일을 하다가 뒤늦게 피아노를 배우는 중이라고 덧붙인다. 사뭇 진지한 질문에 고개를 끄덕이며 듣던 피아니스트가 마이크를 든다.

"소리를 잘 듣는 게 중요합니다. 그러려면 내가 듣지 못하는 소리를 객관적으로 들어주는 귀가 있어야 합니다."

자신이 연주하는 동안 제대로 된 소리가 나고 있는지 스스로 판단이 어려울 수 있다는 이야기다. 내 목소리를 녹음해서 들어보면 전혀 다른 사람의 음성으로 느껴지는 것처럼 악기 소리도 내가 연주하는 동안에는 울림이 더해져 다르게 들릴 수 있다. 그러므로 반드시 다른 사람의 객관적인 귀로 들어야 정확한 소리를 만들 수 있다고 한다. 그래서 지금까지도 주변 사람들에게 자신의 연주를 들어봐 달라고 부탁을 하고 그 충고를 바탕으로 연주를 수정한다고 한다. 일찌감치 세계적인 연주자로서 정상을 밟은 그녀가 지금까지도 다른 사람에게 자신의 소리를 평가받고 소리를 수정한다는 고백이 놀랍기만 하다.

나이를 먹을수록 충고라는 말의 무게가 얼마나 무거운지 실감하고 있다. 어릴 때는 선생님께 야단을 맞거나 부모님께 잔소리를 들으면 금방 고개를 끄덕이며 수긍할 수 있었다. 설령 마음속으로 동의할 수 없는 이야기라 해도 오래 마음에 담아두지 않고 잊어버렸다.

언젠가부터 남에게 충고의 말을 입 밖으로 내기가 무척 조심스럽다. 솔직하게 지적해 달라는 부탁을 받아도 여간 친한 사이가 아니고서는 선뜻 말하기가 쉽지 않다. 내가 누구에게 말해 줄 때도 용기가 필요하지만 쓴소리를 듣는 입장이 되었을 때도 마음이 편치 않다. 누군가가 애정을 가지고 나의 부족한 부분을 알려준 것을 알면서도 가끔 표정 관리가 어려운 순간이 있다. 겉으로 잘 알겠다고 멀쩡하게 대답해 놓고선 속으로는 내가 그렇게 별로였나? 잘못했나? 하는 물음표가 꼬리에 꼬리를 물기도 한다.

나에게는 꽤 오랫동안 같은 방향을 바라보며 지낸 벗들이 있다. 나이대도 완전히 다르고 각자의 위치에서 바쁘지 않은 사람이 없지만 짬을 내서 만나고 있다. 우리는 얼굴을 마주하고 앉아 맛있는 밥을 먹을 때는 음식에 대한 품평을 한다. 기분 좋은 포만감이 퍼질 때쯤 이야기의 주제는 자연스럽게 서로의 글을 읽은 소감으로 옮겨간다. 다소 밋밋한 글에는 양념을 쳐 주기도 하고 지나치게 자극적인 부분은 간을 줄여서 표현하라고 조언을 해 준다. 서로 다른 여러 개의 눈으로 겹쳐서 보면 내 눈에는 보이지 않았던 허점이나 아쉬운 부분을 발견할 수 있어 적지 않은 도움을 받는다.

　다른 사람이 진심으로 건네는 충고의 소리를 불편하게 받아들이는 순간, 내 소리는 더 왜곡되고 귀가 닫힌다는 것을 다시 한번 마음에 새긴다. 우연히 참석한 피아노 마스터클래스에서 음악의 길과 한참 거리가 먼 내가 큰 깨우침을 얻는다.

5
돌아보다

흐드러지게 피었다가 금세 자취를 감추는 꽃잎을 보며 인생의 아름다운 순간도 꽃처럼 순식간에 사라진다는 생각이 든다. 떨어지는 꽃잎에 취해, 쏟아지는 추억에 취해 멀미가 난다.

- 꽃멀미
- 공중관람차 안에서
- 탈을 내리다
- 아는 사람
- 방부제
- 물난리
- 비싼 착각

꽃멀미

 푼푼한 봄 햇살 아래 연분홍 꽃잎의 군무가 눈부시다. 꽃구경을 하러 왔건만 꽃보다 사람이 더 많아 보인다. 지금이 아니면 다시 못 보기라도 하는 것처럼 사람들은 무리를 이루어 꽃나무 앞에서 사진을 찍어대느라 야단이다.
 인파에 떠밀려 고생할 것을 알면서도 기어이 아이 손을 이끌고 북새통인 경주로 벚꽃 구경을 왔다. 호들갑을 떨며 저 꽃 좀 보라고 해도 영 시큰둥하다. 그저 간식 파는 곳이 어디 있는지에만 안테나를 세운다. 화사한 봄 사진 한 장 남겨 보겠다고 어렵게 줄을 서서 꽃나무 앞에 세웠더니 귀찮아 죽겠다는 표정이 역력하다.
 하기는 나도 저 나이 때는 그랬다. 봄꽃이 차례를 지어 꽃망울을 터트리는 봄날에 소풍을 가도 꽃은 내 관심사가 아니었다.

그저 배낭을 가득 채운 과자와 음료수를 언제 꺼내어 먹을까 하는 일이 훨씬 중요했다. 학생들을 인솔하던 선생님이 연신 꽃무리를 가리키며 "얘들아, 저 꽃 좀 봐라, 얼마나 아름답니!" 하며 감탄사를 쏟아내도 별다른 감흥이 일지 않았다. 그만 걷고 앉아서 쉬고 싶다는 생각을 하며 땅만 보고 걸었다. 그때는 어른들이 왜 그토록 봄꽃을 보며 아름답다고 하는지 도무지 이해가 가지 않았다.

초등학교 4학년 때였다. 일요일이면 해가 중천에 뜰 때까지 아이들을 깨우지 않고 내버려 두던 아버지가 그날따라 일찍부터 이불을 걷었다. 꼭 다녀올 데가 있으니 얼른 나갈 채비를 하라고 했다. 마침 어머니가 먼 지역의 결혼식에 가느라 집을 비운 날이라 하루종일 텔레비전이나 보면서 빈둥거릴 수 있겠다고 좋아했는데 계획이 빗나갔다. 셔츠에 넥타이까지 맨 아버지를 보니 중요한 곳에 가는 것 같아서 싫다는 소리도 못하고 주섬주섬 옷을 챙겨 입었다.

어디로 가는지도 모른 채 한 시간 넘게 차를 탔다. 오랜만에 차를 탔더니 속이 울렁거려서 차창으로 펼쳐진 나무를 보기만 해도 머리가 어지러웠다. 도착해서 표지판을 보니 불국사 입구였다. 텔레비전에서 얼핏 본 적이 있는 이름난 절이었다. 우리나라의 절의 풍경이란 틀린 그림 찾기처럼 엇비슷해 보인다는 생각에 아무런 기대가 없었다. 차라리 근처에 있는 놀이공원에 갔더라면 콧노래가 나왔을 텐데 불국사라니 아까보다 속이 더 울렁거리는 기분이었다.

차에서 내려 절을 향해 걸었다. 아버지가 앞장을 서고 우리 삼남매는 차례로 그 뒤를 따라 걸었다. 눈부신 봄 햇살은 앞서 걸어가는 아버지의 뒷모습을 선명하게 비추었다. 부쩍 듬성해진 아버지의 뒤통수에서 염색약이 벗겨진 흰머리가 도드라져 보였다. 가뜩이나 친구 아버지들보다 나이도 많은데 흰머리까지 있으니 유난히 나이가 들어 보였다. 어머니도 없이 아버지와 걷고 있으니 괜히 우리가 초라하게 느껴졌다. 벚꽃 좀 보라는 아버지의 말이 귀에 들어올 리가 없었다. 하얀 꽃잎과 아버지의 흰 머리카락이 닮아 보여 꽃을 보아도 조금도 예쁘다는 생각이 들지 않았다.

대충 불국사를 한 바퀴 돌고 나온 후 아버지는 백운교 계단에 남매들을 나란히 세우더니 근처에 있는 사진사를 불렀다. 그때만 해도 카메라가 귀하던 시절이라서 우리 집에는 카메라가 없었다. 사진사 아저씨는 연신 '김치'를 외치며 웃으라고 주문했지만 그럴수록 짜증이 올라왔다. 내리쬐는 햇빛에 눈도 부시고 얼른 집으로 돌아가고 싶은 마음뿐이어서 잔뜩 미간을 찌푸린 채 사진을 찍었다. 꽤 비싼 돈을 치르고 폴라로이드 사진을 손에 넣은 아버지는 흡족한 미소를 지으며 자켓 주머니 깊은 곳에 고이 넣었다.

우리가 절에 머문 시간은 겨우 한 시간 남짓이었다. 오랫동안 차를 타고 멀미를 견디며 온 보람이 없었다. 벚꽃 구경은 가까운 이웃 동네에서도 할 수 있는데 굳이 여기까지 올 필요가 있을까 싶을 정도로 내 눈에는 특별한 구경거리가 없었다. 아버지는 시무룩해 있는 자식들을 달래느라 불국사 입구에 있는 중국 음식점에 가서 짜장면을 사주었다. 그 짜장면마저 없었으면 최악의 일요일이 될 뻔했다.

그런데 시간이 흐를수록 매년 피어나는 꽃잎이 달리 보인다. 어릴 때는 아무 감흥 없이 그저 식물의 한 종류로만 여겼던 그 꽃잎이, 해가 갈수록 특별한 느낌으로 다가온다. 흐드러지게 피었다가 금세 자취를 감추는 꽃잎을 보며 인생의 아름다운 순간도 꽃처럼 순식간에 사라진다는 생각이 든다. 그래서 주차장을 방불케 하는 도로 위에서 한나절을 보내는 것을 감수하면서까지 꽃 한 번 보겠다고 먼길을 나서곤 한다. 불국사 벚꽃은 전국적인 명소이기도 하지만 그 옛날 아버지와 함께 갔던 기억이 있어서 봄이 오면 가장 먼저 떠오르는 곳이다.

그때의 내 나이와 똑같은 아이를 키우는 어미가 되어보니 아버지가 어떤 마음으로 자식들을 데리고 멀리 나들이를 했는지 이제야 조금 짐작이 간다. 남들보다 한참 늦은 나이에 얻은 자식들이 귀해서 언성 한 번 높이는 일이 없을 정도로 자상한 아버지였다. 힘들게 꽃구경을 시켜주어도 고마운 줄 모르고 툴툴

대기만 했던 나를 보고도 말없이 웃기만 하던 아버지의 모습이 지금도 선명하다. 추억이라는 필터가 한 겹 보태져서 그립고 아련한 봄날의 그림으로 남았다.

가족 앨범 속에 남은 그날의 폴라로이드 사진의 색은 아직도 생생한데 팔순을 한참 지난 아버지의 기억은 날이 갈수록 흐릿해져 간다. 요즘은 방금 들은 얘기도 금세 잊어버려서 여러 번 말해야 겨우 한두 개 기억을 할까 말까다. 딸이 부산으로 이사한 지가 이 년이 넘었는데도 친정에 다니러 가면 어디서 오는 길이냐고 묻는다. 그렇게 귀여워하던 손주들 이름도 기억에서 사라진 지 오래다. 빛이 닿아서 망가진 필름처럼 아버지의 머릿속은 무서운 속도로 기억의 필름이 시커멓게 타버리는 중이다. 그래도 혹시나 그날의 추억이 한 장면이라도 남아 있을까 기대를 하며 전화기 버튼을 누른다.

"아버지, 불국사에 놀러 왔어요. 옛날에 우리 데리고 불국사에서 사진 찍었던 것 기억하세요?"

"어디라고? 불국사? 언제 우리가 거길 갔었나?"

역시나 기억을 못한다. 머릿속에 불국사 벚꽃이 남아 있지 않은 것은 그날 아버지가 인상 깊게 본 것은 꽃이 아니라 자식들 얼굴이어서 그런지도 모른다. 셔터를 누르는 사진사 옆에 서서 계단에 올망졸망 서 있는 우리들을 바라보는 아버지의 입가에는 미소가 가득했다. 어린 자식들을 데리고 봄나들이를 하는 그 짧은 시간이 아버지에게는 꽃보다 아름답고 애틋한 순간이 아니었을까.

그만 집으로 가자는 아이의 성화에 못 이겨 꽃그늘을 벗어난다. 바람을 타고 꽃잎이 어지럽게 날린다. 무성한 꽃잎이 지고 나면 연둣빛 잎이 그 자리를 채울 것이다. 꽃잎이 사라지고 새 잎이 돋으면 그 빈자리가 보인다더니 아버지가 없는 불국사 꽃길이 어쩐지 허전하다. 오늘따라 꽃나무 아래 서 있던 그 시절의 아버지 모습이 그립다. 언젠가 시간이 지나면 우리 아이도 이 길을 걸으며 오늘을 추억하게 될까. 떨어지는 꽃잎에 취해, 쏟아지는 추억에 취해 멀미가 난다.

공중관람차 안에서

　수십 년이라는 시간이 흘렀어도 온전히 살아남은 추억 한 조각이 있다. 초등학교 삼학년 겨울, 학원에서 단체로 차를 빌려서 놀이공원에 갈 기회가 생겼다. 체험 수업이라는 명분을 빌어 시골 아이들에게 도시의 공기를 마시게 해주려는 선생님의 배려였다. 요즘 아이들은 해외에도 드나들 정도로 여행의 기회가 많지만 그 시절에는 차를 타고 동네를 벗어나는 일조차 드물었다.
　그날 도시의 유원지에서 보낸 하루는 지금까지도 선명한 컬러사진으로 기억의 창고에 남아 있다. 알록달록한 찻잔 모양의 의자에 앉아서 몸이 빙글빙글 돌아갈 때 살짝 어지러웠지만 웃음이 나왔다. 다람쥐통처럼 생긴 기구를 타고 거꾸로 회전할 때는 주머니 속에 있던 사탕과 동전이 바닥으로 쏟아져서 얼굴이 화끈거렸다. 회전 열차를 타고 경사진 내리막길을 지날 때는 나도 모르는 돌고래 비명이 튀어나왔다. 놀이 기구를 잡은 손등이 부르틀 정도로 차가운 날씨였지만 신기한 놀이기구에 흠뻑 취해 추운 줄도 모르고 목젖이 보이도록 웃었다.

삼삼오오 흩어져 신나게 돌아다니다가 마지막으로 향한 곳은 공중관람차였다. 선생님은 줄을 세워서 넷이 한 칸에 들어가도록 했다. 밖에서 보던 공중관람차는 고개를 한참 들고 올려다 봐야 할 만큼 높고 웅장한 규모였는데 막상 안으로 들어와 앉으니 아담했다. 관람차 밖에서 볼 때는 빠르게 움직이는 것 같았는데 아주 완만하게 원을 그리며 천천히 위를 향해 올라가서 속도감이 느껴지지 않았다. 유리문에 코를 바짝 붙이고 밖을 보니 놀이공원의 풍경이 점점 발 아래로 밀려났다. 조금 전까지 뛰어놀던 광장이 점점 작아지더니 나중에는 성냥갑보다 작아졌다. 위를 향할수록 높은 산도, 높은 건물도 더 이상 고개를 들고 올려다볼 필요가 없었다.

천천히 올라가서 정상을 찍은 후로 관람차는 다시 원을 그리며 아까와 같은 속도로 다시 땅으로 내려왔다. 빨리 움직이지 않아서인지 애초에 기대했던 속도감이나 짜릿함이 하나도 없어서 김빠진 사이다 한 병을 마신 기분으로 나들이를 마무리했다.

강산이 여러 번 바뀌고도 남았을 오늘, 아이들을 데리고 놀이공원을 찾았다. 그 사이 이곳의 이름도 바뀌고 새로운 놀이

기구도 생겨서 예전과는 영 딴판이다. 벤치에 앉아 아이들이 신나게 이곳저곳을 옮겨 다니며 줄을 서는 모습을 구경한다. 음료수를 한 모금씩 홀짝이다가 갑자기 본전 생각이 난다. 놀이 기구를 타는 비용까지 더해진 티켓을 끊고 들어왔으니 한 가지는 타야겠다 싶어 훑어보는데 마땅히 끌리는 곳이 없다. 시선을 돌리다가 저 멀리서 돌아가는 공중관람차가 눈에 들어온다. 어차피 아이들을 기다려야 하니 추억의 시간여행을 떠나보는 것도 나쁘지 않을 것 같다.

오랜만에 재회한 공중관람차는 예전보다 크고 색상도 화려해 보인다. 얼마만에 타 보는지 감회가 새롭다. 초등학생이었던 꼬마가 그때의 나보다 큰 두 아이의 엄마가 되어 다시 왔으니 관람차 밖에서 쌓은 세월이 기구만큼이나 높다. 관람차가 위를 향해 천천히 움직이기 시작한다. 카메라 줌을 밀어낸 것처럼 공중 관람차가 방금까지 주변의 건물의 크기는 작아지고 시야는 넓어진다. 유리창 너머로 펼쳐진 풍경이 예전보다 훨씬 복잡하고 화려하다. 어릴 때는 천천히 움직이는 관람차의 속도가 따분하기만 했다. 성큼성큼 위를 향해 올라가고 싶은데 느려터진 공중관람차는 태평스럽게 자기 속도를 유지하고 있으니 갑갑했던 기억이 난다.

아마도 기구가 움직이는 속도는 그 시절이나 지금이나 크게 다르지 않을 것이다. 그런데 오늘따라 내가 느끼는 체감 속도는 차이가 있다. 한없이 느리다고 생각했던 관람차가 지금 보니 결코 느리지 않다. 한 칸씩 올라갈 때마다 크기가 바뀌는 창밖의 풍경을 보면서 오히려 빠르다는 마음마저 든다.

지금까지는 위쪽만 올려다보며 조금이라도 속도를 내어 위로 올라가고 싶었다. 내가 원하는 것은 내 눈앞에는 보이지 않고 늘 눈높이보다 높은 곳에 있을 때가 많았다. 그래서 있는 힘을 다해 높은 곳을 향해 오르려고 발버둥을 쳤다. 오죽하면 이사갈 아파트를 고를 때도 고층을 고집했겠는가.

정확히 헤아릴 수는 없지만 마흔 중반을 지나는 지금 내 나이는 인생의 중간 지점 근처에 와 있다. 공중관람차를 타고 꼭대기에 다다른 이 시간이 어쩌면 내 인생에서 정점의 위치와 비슷하다. 꼭대기에서 보면 더 멋진 풍경이 펼쳐질 줄 알았는데 꼭 그렇지도 않다. 오르려고 집착하는 만큼 내 주변의 소중한 풍경이 점처럼 사라지는 것도 놓치기 마련이다.

과거와 현재를 오가며 생각에 잠긴 사이에도 관람차는 일정한 속도로 움직이고 있다. 이제 아까 올라왔던 반대 방향으로 한 칸씩 아래를 향해 내려간다. 의자 반대편으로 옮겨 앉아서 다시 창밖을 본다. 올라올 때 멀어졌던 풍경이 비슷한 듯 약간 방향이 바뀐 채 점점 커진다. 지금까지 고개가 하늘을 향해 있느라 잠시 옆과 아래를 돌아볼 여유조차 없었다. 아까보다 시선을 수평으로 두었더니 왠지 같은 그림도 비로소 자세히 눈에 들어온다. 천천히 숨을 가다듬고서 삶의 가까운 풍경으로 내려갈 준비를 한다.

탈을 내리다

　십 년 만의 외출이다. 결혼을 하고 안살림을 맡은 후로 가족의 테두리를 벗어날 기회가 흔치 않다. 혼자만의 여행을 꿈꾸는 것은 말 그대로 꿈에나 있을 법한 먼 이야기다. '문화 탐방'이라는 명분이 있어 어렵사리 용기를 낼 수 있었다.

　주차장에서 하회 마을까지는 제법 거리가 멀었다. 마을 입구까지 태워다 주는 버스가 있었지만 봄의 정취를 느끼기 위해 걷기로 했다. 홀가분한 마음 때문이었는지 걸음을 옮길 때마다 발끝에서 십육분음표가 찰랑거렸다. 여느 관광지와 별로 다르지 않은 인공적인 주차장 풍경과는 달리 마을로 이어지는 둑길에서는 자연 그대로의 소박함이 묻어났다. 봄비에 젖어 습자지처럼 달라붙는 꽃잎은 낯선 이방인에게 악수라도 청하는 듯했다. 회색 구름과 수수한 무채색의 전통 가옥이 조화를 이룬 하회 마을 풍경은 한 폭의 수묵화 그 자체였다.

 시간이 지날수록 빗줄기가 점점 굵어졌다. 비 때문에 별신굿 탈놀이는 야외 공연장이 아닌 실내 공연으로 장소가 바뀌었다. 하회 별신굿 탈놀음은 오백 년 전통을 오늘날까지 이어주는 의미 있는 무형 문화재이다. 다른 곳에서 만날 수 없는 귀한 공연을 보기 위해 궂은 날씨에도 많은 사람들이 몰려들었다. 보려는 사람은 많고 공간은 턱없이 좁아서 낯선 사람들과 어깨를 겹쳐 가며 쭈그려 앉았다. 불편하지만 그렇게라도 실내에 앉은 것은 행운이었다. 미처 들어오지 못한 사람들은 창밖에 다닥다닥 붙어 서서 목을 길게 뽑고 까치발을 해야 했다.

 경쾌한 날라리 연주를 시작으로 별신굿 마당이 펼쳐졌다. 처마 자락을 타고 미끄러지는 투둑 빗방울 소리도 박자를 보탰다. 가슴 한가운데를 정통으로 두드리는 꽹과리 소리에 심장 박동이 덩달아 빨라졌다. 우리 전통 악기의 구성진 가락은 국경도 훌쩍 뛰어넘었다. 앞쪽에 있던 외국인 할머니가 흥에 겨워 일어나더니 팔을 저으며 춤을 추었다. 그 모습에 몇 사람이 더 가세해 한바탕 흥겨운 춤판이 벌어졌다.

 탈놀이는 여섯 마당으로 나누어 진행했다. 한 마당이 끝날 때마다 시원한 풍물 연주가 흥을 돋우고 다음 이야기에 기대감을 높여 주었다. 탈춤 마당에서는 신분의 서열도 남녀의 차별도 존재하지 않았다. 남루한 차림새지만 거침없는 입담으로 양반을 조롱하는 초랭이의 모습에는 자신감이 넘쳤다. 가장 근사한 탈을 쓰고 비단옷을 입었지만 속마음을 숨긴 채 체면치레에 급급한 양반탈의 모습과는 대조적이었다. 남정네들 앞에서도 당당하게 자기 의사를 표현하는 부네의 모습도 기존에 알고 있던 전통 여인상과는 차이가 있었다.

여러 등장인물 중 가장 인상적인 인물은 할미탈이었다. 허리춤을 다 드러내고 익살스런 춤을 추며 등장한 할미탈의 모습에 아이처럼 큰 소리로 깔깔대며 웃었다. 우스꽝스런 말투와는 다르게 그녀가 살아온 내력은 녹록치 않았다. 여자로서의 인생은 없이 오로지 가족들을 위해 희생하고 참아야 했던 서러운 세월을 듣고 있자니 내 마음도 함께 젖어들었다. 할미탈에 비하면 내가 살아온 인생은 턱없이 짧고 굴곡도 깊지 않지만 주부라는 공통점이 있어 그런지 정서적인 공감대가 느껴졌다.

문득 나는 지금 어떤 탈을 쓰고 있는 것인지 생각해 본다. 그동안 나는 다른 사람에게 늘 좋은 모습만 보여주고 싶은 욕심 때문에 남 눈을 의식해 행동할 때가 많았다. 좋은 아내, 현명한 엄마, 싹싹한 며느리가 되고 싶었다. 그러다 보니 상황에 따라 여러 개의 얼굴이 필요했다.

성격이 다른 두 사람이 부부로 지내다 보면 사소한 일로 티격태격할 때가 있다. 내 마음 같지 않은 남편의 무심함에 속상할 때도 있고, 서로에 대한 오해 때문에 억울한 적도 있었다. 신혼 때는 작은 일로도 끝까지 내 목소리를 세우며 따지기도 했지만 그럴수록 마음의 흉터만 생길 뿐이었다. 그래서 어느 순간부터는 불만이 생길 때도 되도록 내색하지 않고 내 감정을 누르려 애썼다. 내가 참고 넘기는 것이 가정의 평화를 위한 일이라고 믿었던 것이다. 그렇게라도 '착한 아내' 소리를 듣고 싶었다.

아이들에게는 '좋은 부모'가 되고 싶었다. 그래서 자녀 교육에 관한 책을 부지런히 찾아 읽었다. 밖에서 다른 사람들과 아이들 교육에 관해 이야기할 때는 '여유를 가지고 천천히 키우자'고 말하면서 막상 집에 오면 성적 때문에 아이를 다그칠 때가 많았다.

시부모님들께는 '참한 며느리' 소리가 듣고 싶었다. 애교와는 거리가 먼 무뚝뚝한 성격이지만 시댁에 전화를 드릴 때면 목소리가 저절로 한 톤 올라가곤 했다. 시댁 식구들과 가족 모임이 있을 때면 일부러 더 밝게 웃고 말도 많이 하려고 노력했다.

지나온 시간을 돌아보니 내 마음을 따르기보다는 타인들의 시선을 더 중요하게 생각했던 것 같다. 다른 사람들이 짜 놓은 틀 속에 나 자신을 억지로 짜 맞추기에 급급했다. 시간이 흐를수록 내가 가진 탈의 개수는 점점 늘어나고 두께도 두터워졌다. 이제는 탈을 벗은 맨얼굴이 스스로도 어색하게 느껴질 정도이다. 겉치레에 눈이 멀어 탈을 치장하고 다듬는 것에만 신경을 썼다. 점점 더 요란하고 두꺼워지는 탈의 외양과는 달리 가슴

한복판은 자꾸 깎여나가는 느낌을 받기도 했지만 그럴수록 더 탈 뒤에 숨으려고만 했다.

별신굿 마당이 모두 끝났다. 등장인물이 모두 한 무대에서 흥에 겨운 몸짓으로 춤을 췄다. 관객들의 박수갈채가 쏟아지고 관객의 호응에 연기자들이 탈을 벗고 마지막 무대 인사를 했다. 한 명씩 자기 소개와 함께 탈을 벗었다. 탈을 쓰고 있을 때와는 또 다른 느낌이었다. 온통 땀범벅이 됐지만 열정으로 달아오른 그네들의 민낯은 신선하게 다가왔다.

이제 내 차례다. 지금 이 순간만이라도 잠시 탈을 내려놓고 싶다. 접혀 있던 어깨를 반듯하게 펴고 손바닥이 뜨거울 정도로 박수를 치며 나는 별신굿의 마지막 장면 속으로 들어갔다.

아는 사람

　겨우내 그토록 기다리고 기다렸던 야구의 계절이 돌아왔다. 내가 응원하는 부산 지역의 야구팀이 올해는 모처럼 산뜻한 출발을 했다. 새 감독을 모셔 와서 그런지 선수들이 각자의 자리에서 의욕적인 모습을 펼치며 손꼽아 기다린 팬들에게 꽃소식처럼 반가운 승전보를 가져다주었다.
　그런데 얼마 지나지 않아 뜨겁게 달아올랐던 팀 분위기가 급격히 얼어붙었다. 오랫동안 팀의 안방마님을 맡았던 주전포수 K선수가 소속된 팀을 만나면서 그야말로 박살이 났다. 다른 팀과 경기를 할 때는 번번이 맥없는 타격으로 홈팬들을 실망시키던 K가 친정 팀을 만날 때는 눈빛부터 달랐다. 한 경기에 그 어렵다는 홈런을 두 개나 쏘아 올리지를 않나, 기막힌 볼 배합으로 팀의 4번 타자마저 삼진으로 돌려세우지를 않나 거의 농락에 가깝도록 상대팀을 들었다 놓았다 했다. 오랫동안 한솥밥을 먹었던 친정팀 동료들의 약점과 장점을 동시에 아는 포수로서의 장점을 십분 발휘해 친정팀에게 매서운 펀치를 날렸다.

야구판에서는 소속팀을 떠나서 다른 곳으로 옮긴 선수가 친정팀만 만나면 맹활약을 펼치는 경우가 종종 있다. 다른 경기에서는 부진을 면치 못하다가 친정과 붙으면 신나게 두들겨 패서 개인 기록을 올리는 경우가 꽤 있다. 예전에 우리 팀에서 트레이드 된 L선수나 H선수도 친정팀과 상대하면 천하무적으로 변하곤 했다. 아마도 팀의 내부 사정이나 분위기를 잘 알기 때문에 그만큼 공략하기 쉬웠던 모양이다.

얼마 전에 미국으로 자유 여행을 다녀왔다. 물 설고 말 선 나라에서 자유 여행을 한다는 게 쉬운 일은 아니지만 지금이 아니면 앞으로는 더 엄두가 나지 않을 것 같아서 용기를 내었다. 처음 가보는 곳이니 만큼 관련 책도 사서 읽고 현지 교민이 운영하는 인터넷 카페도 가입해 부지런히 여행 정보를 끌어모았다. 미리 공부해서 주섬주섬 주워들은 정보를 메모해 놓아도 불안한 마음이 가시지 않아서 궁리 끝에 여행 초반의 숙소는 현지 사정에 능통한 현지 교민이 중개하는 곳으로 정했다. 초보 여행자들의 길잡이가 되어주고 자잘한 혜택을 준다는 말만 철석같이 믿었다.

미국에 도착해 첫 번째로 맞닥뜨린 미션은 택시 타기였다.

서툰 영어 탓에 기사와 의사소통이 제대로 안 될까봐 한국에서 출발하기 전에 미리 한인택시를 비행기 도착시간에 맞추어 예약했다. 공항에 내려 기사에게 전화를 걸었더니 신호음은 가는데 연결이 되지 않았다. 간격을 두고 여러 차례 시도를 했지만 끝내 받지 않아서 결국 다른 택시를 타야 했다. 기왕이면 같은 민족끼리 상부상조하고 싶은 마음에 일부러 예약까지 한 것이었는데 예약 부도에 마음만 상했다.

짧은 영어와 핸드폰의 합작으로 목적지에 무사히 도착했다. 그런데 숙소 주변을 둘러보니 주변의 기운이 영 음침했다. 지도로 검색할 때 번화가에서 멀지 않은 곳이라서 믿고 예약했는데 그 건물을 드나드는 사람들의 분위기가 어쩐지 다른 곳보다 어두워 보여 살짝 불안한 마음이 올라왔다.

데스크라고 할 수도 없는 간이 의자에 앉아 있는 사람 한 명이 관리인의 전부였다. 열쇠를 받아 엘리베이터를 기다리고 있는 동안 퀴퀴한 냄새가 코를 찔렀다. 이상한 비누 냄새와 향신료 냄새가 요상하게 섞여서 머리가 아플 지경이었다. 객실의 침구는 얼마나 오랫동안 빨지 않았는지 쉰 냄새가 났다. 설상가상으로 복도의 걸음 소리와 옆방의 샤워기 소리까지 생생하게 나서 마음 편히 쉴 수가 없는 환경이었다. 별 몇 개짜리 호텔방과 맞먹는 돈을 내고 그런 형편없는 방에서 지내리라고는 생각도 못했다. 게다가 여행 길잡이가 되어주겠다던 교포는 그곳에 코

빼기조차 비추지 않아서 제대로 따질 수도 없었다. 한국인 여행객을 꾀어 현지의 허름한 숙소에 중개하는 브로커에게 속은 것 같았다. 기왕이면 조금이라도 아는 사람이 낫겠다 싶어 일부러 한국 사람이 운영하는 곳을 골랐던 것이 패착이었다.

살다보면 아는 사람이라고 마음을 놓았다가 도리어 발등을 찍히는 일이 제법 있다. 범죄 관련 뉴스를 보면 모르는 사람보다 얼굴을 트고 지내는 사람에게 당하는 경우가 생각보다 많다. 그런 소식을 접할 때는 아는 사람이 모르는 사람보다 오히려 더 무섭다는 생각이 든다.

아는 사람에게 억울한 일을 당하면 하소연 할 수가 없다. 잘 안다고 믿고 인테리어 공사를 맡겼다가 하자가 생겨도 싫은 소리도 못하고 속이 썩은 경험도 있다. 친하게 지내는 사람의 가게에 매상을 올려 주려고 갔다가 돈은 돈대로 내고 생판 모르는 남들보다 허술한 대접을 받은 적도 있다.

그나마 물질적인 손해는 시간이 지나면 희미해지지만 아는 사람으로부터 입은 마음의 상처는 쉽게 아물지 않는다. 여러 해 동안 친동생처럼 마음을 터놓고 지내던 이웃이 있었다. 나이가 비슷하고 관심사도 같아서 흉허물없이 정을 나누던 사이였다. 그런데 이상한 소문이 귀에 들어왔다. 그녀가 이상하게 말을 부풀려 나를 깎아내리더라고 누군가가 전해주었다. 도대체 무슨 억한 마음이 있어서 그러냐고 따져 묻고 싶은 마음도 들었지만 끝내 입안에서만 맴돌 뿐이었다. 마침 그 무렵 내가 다른 동네로 집을 옮기면서 그녀와 나는 일부러 피하지 않아도 자연스럽게 멀어졌다. 시간이 한참 흐른 지금도 그녀를 떠올리면 가슴 한쪽이 불편하다.

  아는 사람은 말 그대로 나를 잘 알기 때문에 장점도 잘 보이지만 그만큼 단점도 돋보기를 댄 듯 크게 보이나 보다. 어쩌면 나도 아는 사람들에게 돋보기를 대고 유난히 눈을 크게 뜨고 있는 것은 아닌지 돌아볼 일이다.

방부제

 까맣게 잊고 있었다. 며칠 전까지만 해도 식탁에서 본 기억이 있는데 한동안 빵의 존재가 생각나지 않았다. 일주일이 지난 오늘에서야 싱크대 구석 자리에 납작 웅크린 식빵 봉지를 만났다. 내리 며칠을 따뜻한 곳에 두었으니 보나 마나 곰팡이 꽃이 잔뜩 피었을 것이다.
 음식쓰레기통에 넣으려고 비닐 포장지 안에서 빵을 꺼내는데 웬일인지 손끝이 촉촉하다. 뜻밖의 감촉에 놀라 자세히 들여다보니 외양도 멀쩡하다. 처음 빵집에서 가져 왔던 그날처럼 여전히 속살이 뽀얗고 푹신한 감촉도 그대로다.
 도대체 속에 무엇이 들어 있길래 시간이 지나도 모습이 변하지 않은 걸까. 그리고 보면 며칠이 지나도 모양과 맛이 변하지 않는 음식이 한두 가지가 아니다. 마트에 가면 여러 식료품 포장지 위에 짧게는 며칠에서 길게는 일 년 넘게 상하지 않는다는 유효 기간이 찍혀 있다. 날로 발전하는 냉장, 냉동 기술을 감안해도 그렇게 여러 달 동안 음식이 멀쩡하다는 것이 이상하다. 오랫동안 보관해 두고 먹을 수 있으니 편하면서도 쏟아부었을 방부제를 생각하면 두려운 마음이 밀려온다.

요즘, 텔레비전을 보다 보면 사람 몸에도 방부제를 쓰나 싶다. 세월이 지나도 언제나 팽팽한 미모를 유지하는 배우들을 보면서 어디서 늙지 않게 만드는 방부제라도 먹고 사는지 궁금해진다. 내가 어렸을 때 이미 할머니 역할을 하던 여배우가 수십 년이 지난 지금도 다리미로 다려놓은 것처럼 주름이 없는 피부를 유지하는 것을 보면 부러움을 넘어서서 무서울 지경이다.

유난히 나이를 거꾸로 먹는 듯한 배우들에게는 공통점이 있다. 대사를 할 때 입 주변의 근육이 자연스럽게 움직이지 않는다. 수십 년의 연기 내공을 쌓은 베테랑조차도 보톡스로 당긴 얼굴 근육 앞에서는 속수무책이다. 썰룩이는 입 모양으로 겨우 대사를 소화하는 장면을 볼 때면 시청자의 입장인 나까지 어색하고 불편하다. 변해야 정상인 것과 변하지 않아야 정상인 것의 경계가 무너지고 있다는 생각마저 든다.

흐르는 세월 앞에서 변하지 않으려고 의학의 힘까지 동원해 발버둥 치는 배우들을 욕심이 지나치다고 탓할 수만도 없다. 방송이나 인터넷에서는 동안을 유지하는 것이 마치 자기 관리를 잘하는 사람의 필수 요건인 양 호들갑을 떨며 분위기를 몰아간다. 그러다 보니 외모가 곧 경쟁인 연예인들은 무리를 해서라도 시술을 받게 되고 더러 부작용을 겪는 것이다.

  외모지상주의가 당연한 듯 여겨지는 분위기 속에서 연예인만 불안한 것이 아니다. 동안 유지가 하나의 미덕인 양 받아들이는 풍토에 휩쓸려 나 같은 보통 사람들도 은근슬쩍 불안해질 때가 있다. 나이를 한 살씩 먹으면 얼굴에 세월이 쌓이는 것이 당연한 이치인데도 어쩐지 주름이 한 겹 늘어나면 한발 처지는 것 같은 묘한 패배감이 든다. 변해야 정상인 것은 억지로 손을 써서 변하지 않게 만들고, 정작 변하지 않아야 할 가치는 쉽게 변하든 말든 내버려두는 세태 속에서 어느 쪽이 정답인지 혼란스럽다.

  다만 확실한 한 가지가 있다면 흐르는 세월 앞에서도 변하지 않는 방부제가 무섭다는 것이다.

물난리

하늘에서 그야말로 물폭탄이 떨어졌다. 비구름이 이곳저곳 돌아다니며 비를 뿌려대는 통에 전국이 물난리를 겪는 중이다. 그칠 줄 모르고 쏟아지는 장대비에 산이 무너져 내리고 둑이 터졌다는 소식이 앞다투어 뉴스를 장식한다. 당장 집 앞의 큰 도로에도 순식간에 물이 차올라 지나가던 차가 잠겼다. 바로 옆 동네 아파트에서는 지하 주차장이 침수되어 차량 수십 대가 꼼짝없이 물에 갇혔다.

텔레비전 화면을 가득 채운 홍수의 풍경이 나에게는 낯선 그림이 아니다. 낙동강을 옆구리에 낀 마을에서 유년 시절을 보냈기 때문에 여름이면 연례행사처럼 물난리를 겪었다. 장마 끝에 낙동강이 넘치면 마을은 순식간에 물바다로 변했다. 어제까지만 해도 차가 다니던 길이 완전히 물에 잠겨 물살이 일었다. 알록달록한 과자봉지가 비치볼처럼 물 위로 떠오르고 어른 머리통만 한 수박이 둥둥 떠다녔다. 축사에 있던 소와 돼지들은 울부짖으면서 물살에 휩쓸려갔다. 사람 목숨조차 위협받는 상황이라 마을 사람들은 발을 동동 구르며 그저 지켜볼 수밖에 없었다.

다행히 우리 집은 지대가 높은 곳에 있어서 운 좋게 홍수를 피할 수 있었다. 철이 없던 나는 그저 물 구경이 재미있기만 했다. 한 칸씩 한 칸씩 계단을 타고 올라오는 물을 보며 스릴을 느꼈다. 길이 물에 잠기는 바람에 며칠 동안 학교를 쉬어서 콧노래가 나오기도 했다.

집 옆에 있는 마을회관에는 하루 아침에 이재민이 된 마을 사람들이 한꺼번에 모여들었다. 회관 주변을 기웃거리다보면 애써 키운 과일 농사를 다 망쳤다며 울부짖는 아주머니의 목소리가 밖에서도 선명하게 들렸다. 옆에서 참담한 마음으로 지켜보던 사람들은 말이 없었다. 소리 내어 우나 그렇지 않으나 터전을 잃고 괴롭기는 마찬가지였다.

물난리가 나면 며칠 만에 돌아갈 수 있는 형편이 아니어서 사람들은 회관에 살림을 차리다시피 했다. 식사 시간마다 회관 주변에서는 밥이 끓는 냄새가 진동했다. 사람들이 몰려들어 자리가 비좁았지만 짜증을 내기보다는 몸을 구부려 조금씩 자리를 만들어주었다.

언제 비가 왔느냐는 듯 해가 나고 물이 빠지면 만신창이로 변한 마을이 모습을 드러냈다. 마을 회관에 모여 있던 사람들이 차례로 집으로 돌아갔다. 내 집이든, 내 집이 아니든 온 동네 사람들이 팔을 걷어부치고 나서서 가재도구를 씻어내고 흙에 잠겨 엉망이 된 집을 닦아내느라 분주했다.

더 큰 문제는 홍수가 어쩌다 한 번으로 끝나지 않는다는 것이다. 다음 해에도 여름 장마가 찾아오면 강이 범람했다. 어떤 해에는 비가 그렇게 많이 오지 않았는데 물난리가 나기도 했다. 윗지방에 비가 많이 와서 상류에서 댐을 열어버리는 바람에 하구 쪽에서는 물을 피할 방도가 없어서 속수무책이었다. 사람들은 처음 며칠은 분통을 터트리다가 나중에는 아무렇지 않은 얼굴로 밥을 해 먹고 부족한 이불을 덮으며 쪽잠을 잤다. 아버지가 직장을 그만두고 이사를 나오게 되면서 여름은 홍수라는 공식이 차츰 희미해졌다.

예전에 물난리로 고생하는 사람들을 보면서 가졌던 의문이 있었다. 여름마다 집이 잠기는데 왜 다른 곳으로 집을 옮기지 않는지 어린 마음에 이상하기도 하고 신기하기도 했다. 어른이 되어보니 그들이 왜 같은 자리를 맴돌 수밖에 없었는지 알 것 같다. 물에 잠길 곳이라는 것을 뻔히 알면서도 현실적인 이유로 보금자리를 옮기기가 쉽지 않다. 피해를 입을 수 있는 곳임을 알면서도 붙들려 떠나지 못하는 것은 그곳이 삶의 터전이기 때

물난리

문이다. 일 년에 한 번 찾아오는 물난리보다 현실의 굴레에서 벗어나는 일이 더 어려웠으리라. 제발 비가 덜 오기를 기원하는 것 말고는 다른 방도가 없었으니 그저 견디며 참아내는 것이 나름의 최선이었다. 그렇게 여러 번 당하고도 마땅히 옮길 곳이 없는 사람들은 자기 자리를 벗어날 수가 없다. 누군가에게는 미세먼지를 씻어내고 분위기를 더해주는 감성의 도구인 비가 다른 누군가에게는 삶의 터전을 하루아침에 잃게 만드는 잔인한 흉기가 되기도 하니 아이러니하다.

지겹게도 퍼붓던 비가 그쳤다. 해가 나면서 흑백사진 같았던 도시의 풍경이 다시 원색으로 바뀌고 있다. 지금도 다른 지방에서는 비가 그치지 않아 사람이 떠내려가고 산사태에 집이 깔렸다는 뉴스가 나온다. 더 이상 피해 없이 비가 지나가 주기를 바라는 것 말고는 할 수 있는 것이 없는 현실에 무채색으로 기분이 가라앉는다.

비싼 착각

주변의 소개로 신기한 공간을 알게 되었다. 동네 사람들끼리 핸드폰 앱을 통해 중고 물품을 거래한다는 이야기를 들었을 때 선명한 느낌표가 머리를 스쳤다. 오랫동안 쓰지 않고 자리만 차지하는 물건을 어떻게 처분할까 고민이었는데 한방에 답을 얻었다. 먼지 쌓인 물건을 하루라도 빨리 덜어낼 요량으로 당근마켓에 첫 발을 들여 놓았다.

처음 내놓은 물건은 장식장 구석을 차지한 찻잔 세트였다. 화려한 꽃무늬에 끌려서 덜컥 샀다가 몇 번 쓰지도 않고 그릇장에서 나오지 못하던 신세였다. 꽃잎이 예쁘게 보이는 각도로 사진을 여러 장 찍어서 올렸다. 첫 거래라 싼 값에 냈더니 사진을 올리기가 무섭게 '당근', '당근'이 요란하게 울렸다. 물건을 올린 지 반나절이 되기도 전에 꽃무늬 찻잔은 내 손을 떠나 새 주인을 찾아갔다.

나에게는 필요 없는 물건이 누군가에게는 요긴하게 쓰인다는 것이 당근 마켓이 가진 매력이다. 시원하게 첫 단추를 꿰고 나니 자신감이 붙었다. 보물찾기를 하듯 구석구석에서 쓸 만한 물건을 찾아내 당근에 올리고 그것을 사 간 사람이 좋은 물건을 잘 샀다는 인사를 남기면 그렇게 뿌듯할 수가 없었다.

몇 건의 거래를 성공적으로 마친 후부터 집안에 놓인 물건을 보기만 하면 '팔 것'과 '안 팔 것'으로 구분 짓는 습관이 생겼다. 사은품으로 받은 프라이팬에서부터 명절 선물 세트, 읽을 시기가 지난 전집, 처음에는 잘 들다가 장롱에 모셔놓은 가방에 이르기까지 다양한 물건이 나의 판매 리스트에 올라갔다. 어차피 안 쓰는 것들이라 시세보다 싸게 값을 매겼더니 올리기만 하면 금방 구매자가 나타났다. 밥을 먹다가도 '당근' 소리가 울리면 주섬주섬 물건을 챙겨서 나가는 나를 보며 딸아이가 웃으며 한 마디 던졌다.

"내년에 학교에서 엄마 직업을 적는 칸이 있으면 당근마켓 판매자라고 적을까?"

당근 마켓에서 생긴 수입은 예정에 없던 공돈이라서 받는 즉시 마트에 들러 아이스크림이나 부식 재료를 사는데 쓰였다. 그런데 점점 값이 나가는 물건을 팔게 되면서 쌈짓돈이 꽤 모였다. 아직 처분해야 할 물건이 가득이라 들어오는 돈을 체계적으로 정리할 필요가 있었다. 작은 수납바구니 하나를 비워서 당근 마켓으로 번 돈을 차곡차곡 모았다. 통장으로 오가는 돈은 눈에 보이지 않아서 실감이 나지 않는데 물건을 건네고 직접 받은 지폐들은 돈이 모이는 것이 한눈에 보여 재미가 쏠쏠했다. 당근에서 거래가 늘어날수록 수납장은 비어가고 전용 바구니에는 알록달록한 지폐로 가득 찼다.

처음의 계획보다 더 많은 종류의 물건을 팔고나니 집도 깨끗해졌다. 돈도 벌고 집도 환해졌으니 그야말로 꿩 먹고 알 먹는 일이었다. 좋은 물건을 싸게 팔기만 하자던 처음의 다짐을 잘 지키고 있다는 사실에 뿌듯했다.

당근 마켓에서는 물건을 팔기만 하겠다고 마음먹었다. 하루는 판매한 물건의 목록을 정리하다가 우리 동네 인기 아이템이 떴다는 알림이 울렸다. 한 달 넘게 스스로 세운 원칙을 잘 지켜왔는데 홈쇼핑에서 자주 듣던 '인기'라는 단어에 순간 흔들렸다. 어떤 물품이 있는지 잠시 구경이나 하자 싶어서 버튼을 눌렀다. 판도라의 상자를 여는 줄도 모르고 가벼운 마음으로 클릭 한 번 했다가 당근 마켓에 살 만한 물건이 무척 많다는 것을 알아버렸다. 그릇장이 비좁다고 멀쩡한 찻잔을 보낸 지 얼마 되지도 않았는데 다른 사람들이 올린 접시며 머그잔이 눈에 들어왔다. 싸게 파는 영양제에 혹해서 멀리까지 차를 타고 가서 받아오기도 했다.

비싼 착각

그 중에서도 결정타는 같은 아파트 사람이 올린 수입 냄비였다. 한국지사에서 파는 가격의 절반 조금 넘는 가격에 새 냄비를 판다는 조건에 끌려서 예정에 없던 과소비를 하고 말았다. 지금까지 야금야금 모았던 당근 지갑을 훌쩍 초과하는 액수였다.

당근 마켓을 시작할 때만 해도 나는 자신이 있었다. 어떤 유혹에도 흔들리지 않고 내 것만 팔고 돌아설 수 있으리라 확신했다. 그것이 얼마나 큰 착각이었는지 비싼 냄비를 저지르고 난 후에야 깨달았다. 세상은 넓고 사고 싶은 물건도 너무 많다는 것을 인정하지 않을 수 없다.

아무래도 나에게는 비움의 미학보다 채움의 즐거움이 더 큰 것 같다. 그것을 깨끗하게 인정하고 나니 가격 대비 성능이 좋은 물건이 한두 가지가 아니다. 지금도 핸드폰에서는 관심 물품이 떴으니 얼른 데려가라는 재촉의 '당근'이 열렬하게 나를 부르는 중이다.

6
비켜서다

중간에 끼여서 자란 환경에 익숙해진 덕분에 사람의 기분을 읽고 맞추는 일이 그리 어렵지 않았다. 혼자서 사랑을 독차지하며 자랐다면 뒤늦게 눌리고 치이는 과정을 거치느라 끙끙 앓았을지도 모르겠다.

- 샌드위치가 맛있는 이유

- 슬리퍼와 하이힐

- 숫자 울렁증

- 그린라이트

- 로열석

- 슬픈 날개, 조문국의 금관

- 하얀 깃발

샌드위치가 맛있는 이유

가벼운 허기를 달래기엔 샌드위치만큼 만만한 간식도 없다. 여러 번 손이 가지 않아도 차곡차곡 겹쳐진 재료를 한꺼번에 맛볼 수 있어서 깔밋하게 한 끼를 때우기에 그만이다. 푹신한 빵 사이에 야채와 햄이 끼어 각자 다른 맛과 향을 내는 묘한 매력에 끌려 샌드위치를 즐겨 찾는다.

네 명의 자식 중 내 자리는 세 번째였다. 위로 언니, 오빠가 있고 아래에는 남동생이 있어서 샌드위치처럼 양쪽에서 눌린 신세였다. 어릴 때부터 예쁘다는 소리를 자주 들었던 언니는 미모 하나로도 주목을 받기 충분했다. 게다가 잔정이 많은 성격이어서 어린 동생들을 잘 챙겼다. 언니가 아니라 이모 같다는 생각이 들 정도로 살뜰하게 돌보아 주어서 한 번도 다툰 적이 없다. 여러모로 부모님의 일손도 덜어주어 '살림 밑천'이라는 말

딸 역할을 톡톡히 해 냈다.

세 살 터울의 오빠는 손 귀한 집안에 장손으로 태어난 덕분에 언제나 주목을 받았다. 명절이나 제사 때 만나는 고모들은 오빠에게만 유별난 애정을 보였다. '우리 장남, 우리 장손'을 연발하며 얼굴을 쳐다보는 것조차 아까워했다. 비단 친척들 뿐 아니라 엄마도 큰아들을 표나게 챙겼다. 맛있는 반찬이나 간식을 숨겨 두었다가 오빠가 오면 내 오곤 했다. 엄마에게 있어서 모든 일의 중심은 언제나 큰아들이었다.

바로 아래 남동생은 하마터면 태어나지 못할 뻔했던 늦둥이다. 아들과 딸을 셋이나 두었고, 나이도 많았던 엄마는 동생을 낳지 않으려고 병원을 찾았다. 그런데 하필이면 진찰을 맡은 의사가 형제 없이 자란 외로운 사람이었다. 의사는 엄마를 붙잡고 다른 형제들을 위해서라도 꼭 아이를 낳으라고 간곡하게 설득했다. 아들이라고 미리 힌트까지 주는 바람에 마음이 약해진 엄마는 그냥 집으로 돌아왔다.

아슬아슬한 위기의 순간을 넘기고 세상의 빛을 본 동생은 태어나자마자 집안의 복덩이가 되었다. 잠깐이지만 나쁜 마음을 먹었던 미안함과 늦둥이 프리미엄이 더해져 부모님의 사랑을 독차지했다. 가족들의 평균을 훨씬 뛰어넘는 준수한 외모 덕에 같은 마을 사람들에게까지 두루두루 예쁨을 받는 귐받이였다.

개성이 뚜렷한 다른 형제들에 비해 나는 비장의 무기가 없었다. 외모부터 초라했다. 삐죽 솟은 키에 귀가 훤히 드러나는 커트머리 탓에 남자라는 오해를 받은 적이 한두 번이 아니었다. 오죽하면 벽에 걸린 가족사진을 본 사람들이 이 집에는 아들이 셋이나 있어 좋겠다고 입을 댔을까. 공부라도 특출나게 했으면 좋으련만 모범생 오빠의 그늘에 가려져 그마저도 쉽지 않았다. 어쩌다 운 좋게 상장을 받아 와도 도통 빛이 나지 않았다. 학생회장을 맡아 상장을 쓸어 담았던 오빠에 비하면 내가 이룬 것들은 보잘것 없었다. 딸의 필살기인 애교라도 많았으면 찬밥 취급은 면했을 테지만 콧소리를 내는 것은 도무지 적성에 맞지 않았다.

위아래로 치이는 설움 때문에 나는 툭하면 울음으로 존재를 알리려 했다. 조금만 핀잔을 듣거나 놀림을 당해도 닭똥 같은 눈물을 쏟아냈다. 농담 몇 마디에 애달파하는 내 모습이 재미있는지 가족들은 짓궂게도 놀려댔다. 웃음기 없는 진지한 표정으로 다리 밑에서 나를 주워왔다고 했다. 다른 형제들보다 뛰어난 것도 없고 가족들에게 특별한 애정을 받지도 못하니 그 말이 진짜처럼 느껴져 큰 소리로 울다가 더 혼나곤 했다.

어릴 때는 어정쩡한 내 처지가 불만스러웠다. 나도 새 옷을 먼저 차지하고 싶었다. 키가 크다는 이유로 오빠 옷을 자주 물려 입었고, 조금 커서는 엄마 옷까지 받아 입었다. 언니는 맏이라서, 오빠는 큰아들이라서 새 옷을 입는데 나만 낡은 옷을 입어야 했다. 심지어 남동생은 오빠와 터울이 크다는 이유로 새 옷을 사주면서 유독 나에게만 입던 옷을 주었다. 잔심부름도 내 차지였다. 오빠는 공부해야 하니 안 되고, 동생은 어리다는 이유로 심부름을 면제 받았다. 만만한 게 나였다. 부식 가게에 계란이나 콩나물 따위를 사러 갈 일이 생기면 엄마는 늘 내 이름을 불렀다.

그런데 끼여서 지내는 처지가 꼭 나쁘지만은 않았다. 주목을 받지 못한다는 것은 그만큼 간섭을 덜 받는 장점도 있었다. 갑자기 성적이 곤두박질쳐도 오빠라는 우산이 있어서 엄마가 크게 신경 쓰지 않고 넘어가기도 했다. 자식들이 많아서 나 하나쯤 늦게 들어와도 별 표시가 나지 않아 은근슬쩍 자유 시간을 누렸다.

시간이 지날수록 가운데 낀 채로 성장했던 시간들이 나에게 새로운 힘을 주었다. 형제들 사이에서 이리 치이고 저리 치이다 보니 눈치 구단이 되어서 사람들 사이에서 어떻게 처신해야 하는지 조금 더 빨리 깨달았다. 작은 틈이라도 생기면 비집고 들어가 새로운 공간을 마련하는 것은 낀 자식으로 살면서 터득한 나름의 생존방식이었다. 오래도록 눈칫밥을 먹으며 나만의 경쟁력이 생긴 것이다.

나이 많은 언니를 둔 덕분에 나보다 한참 먼저 태어난 사람들과 가까이 지낼 기회가 잦았다. 대학생 때 언니네 집에 가면 언니가 친하게 지내는 이웃 아기 엄마들과 자주 어울렸다. 그래서 나보다 높은 연배의 사람들을 만나도 대화의 공통분모를 빨리 찾는 능력이 생겼다. 거기에다 오빠의 친구들을 가까운 거리에서 겪었기 때문에 남자 선배들과도 스스럼없이 지냈다. 멋을 잘 부리는 동생으로부터 젊은 아이들의 패션 감각을 배우기도 했다. 톡톡 튀는 신세대의 생각도 전해들을 기회가 많아 새로운 문화를 받아들일 때 한결 수월했다.

특히 결혼 생활을 하면서 셋째로 자란 지난 시간이 빛을 보았다. 위로 시누이가 셋인 집에 외며느리로 갈 때 주변에서는 걱정이 많았다. 외며느리라는 것을 제쳐두고라도 정서가 다른 낯선 지방에서 신혼살림을 시작하니 걱정을 들을 만도 했다. 연고가 없는 곳이라 시댁 식구를 제외하면 아는 사람이 없었다.

주변의 우려와 달리 낯선 지방에서도 큰 어려움 없이 그럭저럭 뿌리를 내렸다. 내 일은 스스로 알아서 해야 했던 셋째로 자랐던 터라 혼자 일처리를 하는 것이 부담스럽지 않았다. 시댁 형님들 틈에서도 웃음소리를 섞으며 지냈다. 중간에 끼어서 자란 환경에 익숙해진 덕분에 사람의 기분을 읽고 맞추는 일이 그리 어렵지 않았다.

샌드위치가 맛있으려면 양상추, 토마토, 햄, 치즈처럼 색과 맛이 다른 음식이 조화를 이루어야 한다. 성질이 다른 재료가 제대로 섞이려면 적당한 힘으로 빵을 눌러주는 과정이 중요하다. 나 역시 개성이 다른 형제들 틈바구니에서 다양한 방향으로 눌리며 자랐기에 사람들 속에서 무난히 섞이는 법을 깨달았다. 혼자서 사랑을 독차지하며 자랐다면 뒤늦게 눌리고 치이는 과정을 거치느라 끙끙 앓았을지도 모르겠다. 위에서, 또 아래에서 압력을 가해 준 가족들 덕분에 내 속이 단단하게 여물 수 있었으니 지금 생각해 보면 얼마나 고마운 일인가.

샌드위치를 크게 한 입 베어 문다. 촉촉한 빵과 달콤한 과일이 입안에 그득하다. 다양한 향기와 맛이 잘 섞일 수 있도록 턱에 힘을 주어 지그시 누른다.

슬리퍼와 하이힐

신데렐라는 뾰족한 유리 구두를 신고 어떻게 참았을까? 발에 피가 통하지 않는 갑갑함은 하이힐을 신는 여자들이라면 한번쯤 겪어봤을 고통이다. 전생에 나는 공주의 신발 시중을 들던 무수리였는지 날렵한 선의 하이힐보다는 편한 신발이 체질에 맞다. 신발을 사러 갈 때면 높은 굽은 아예 거들떠보지도 않고 편한 신발에만 눈이 간다.

요즘에는 단화나 운동화도 제쳐놓고 슬리퍼를 신은 채 하루를 지낼 때가 많다. 장을 보러 가거나 아이를 마중 갈 때도 대충 발가락을 걸치기만 하면 되는 슬리퍼에 저절로 발이 간다. 거추장스럽게 양말을 신지 않아도 되고 오히려 맨발이 자연스러워 보이니 세상 편하다. 발가락 한두 개쯤 삐져나와도 괜찮고 언제라도 발을 오므렸다 폈다 할 수 있어 마음까지 홀가분해진다.

집안에서도 슬리퍼를 애용한다. 욕실을 청소하고 베란다를 드나들 때면 말랑한 고무 슬리퍼와 착 달라붙어 지낸다.

헐렁한 슬리퍼를 자주 신은 탓인지 어느새 내 모습도 슬리퍼와 닮아 있다. 잡티 없는 도자기 피부도 아니면서 귀찮다는 이유 때문에 민낯으로 용감하게 외출을 감행한다. 몸이 조이는 블라우스보다는 헐렁한 티셔츠가 좋고, 억지로 배에 힘을 주고 있지 않아도 되는 고무줄 바지에 손이 간다.

남편 앞에서도 펑퍼짐해졌다. 한때는 살짝 손이 스치기만 해도 심장에 확성기를 댄 듯 두근거리던 시절이 있었지만 이제는 어느 손이 내 손인지 구분이 안 갈 정도로 감각이 무디어졌다. 새벽같이 일어나 변장에 가까운 화장을 하고 예쁘게 보이고 싶었던 때가 언제였는지 기억도 안 난다. 이제는 눈곱이 낀 채로 아무렇지 않게 눈을 맞추고, 내 몸에서 나오는 생리현상을 자연스럽게 내버려두는 사이가 되었다.

외모만 느슨해진 것이 아니라 성격도 청처짐하게 변했다. 미리 계획을 짜고 스케줄에 딱 맞추어진 시간표를 따라가는 상황에 처하면 숨이 찬다. 일정의 앞뒤로 시간의 여백을 조금이라도 만들어 두어야 마음이 놓인다. 그래 놓고선 약속 시간이 남았다고 느긋하게 여유를 부리다가 늦은 적이 한두 번이 아니다. 하나를 주면 하나를 돌려받는 것이 아니라 하나를 주고 못 받을 수도 있고, 두 개를 주고 세 개를 받을 수도 있다고 내 멋대로 생각하다가 된서리를 맞은 적도 있다.

　남편으로부터 갑자기 부부동반 모임이 생겼다는 전화를 받고 며칠 전부터 마음이 바빴다. 예를 갖추어야 하는 자리라 유난히 신경이 쓰인다. 입을 옷을 정하고 화장이 끝나자 신발장 구석에 모셔둔 하이힐을 꺼낸다. 여자의 각선미를 돋보이도록 만드는 비장의 무기가 필요하다. 조심스럽게 발을 넣으니 발등은 눌리고 발가락이 꽉 쪼여서 꼼짝할 수가 없다. 잠깐 신었을 뿐인 데도 피가 안 통하는 답답한 느낌에 서둘러 하이힐을 벗겨낸다. 아가씨 때나 지금이나 발 치수는 차이가 없다. 그런데 어째서 지금은 잠시만 신어도 참지 못할 답답함을 느끼는 걸까.

　예전에는 꽉 끼는 하이힐을 신고 한나절 내내 발가락을 펴지 못한 채 있어도 신발을 벗지 않았다. 조금 더 예뻐보이기 위해서라면 뒤꿈치가 까지고 물집이 잡힐지언정 하이힐을 포기할 수 없었다. 높은 굽 신발을 신고 있으면 허리를 넘어 등줄기까지 뻐근해도 괴로움을 감수하면서까지 매력적인 여자로 보이고 싶었다.

　지금은 어떤가. 갑갑하다는 이유로 한 치의 망설임도 없이 구두를 휙 벗어던진다. 꼭 신발에만 국한된 이야기가 아니다. 편한 것을 일 순위로 놓다 보니 그저 내 입장만 내세울 때가 있다. 남들이 나를 어떻게 보건 말건 내가 좋으면 그만이라고 믿어버리곤 했다. 특히 남편에게는 부부라는 안전한 줄로 이어져 있다는 안도감에 함부로 대한 적이 많다. 촌수 없는 부부 사이에 뭐 어때 하면서 방심하는 사이 적당한 긴장감마저 사라진 것이 원인이었다.

널브러져 있는 하이힐을 가지런히 세우고 다시 발을 집어넣는다. 그새 적응이 된 것인지, 아니면 뻣뻣한 가죽이 조금 늘어나 그런지 아까보다는 덜 답답한 느낌이다. 앞으로는 특별한 날이 아니어도 가끔 하이힐을 꺼내어 신을 작정이다. 무조건 편한 것만 찾을 것이 아니라 긴장을 주어 발을 관리하는 것도 중요하다는 생각이 든다.

하이힐과 슬리퍼를 번갈아 신으며 발을 적응시키는 것처럼 삶에서도 긴장과 이완을 반복하다 보면 뒤꿈치의 굳은살만큼 단단해질까. 유리 구두를 신어도 미소를 잃지 않던 신데렐라의 내공에는 못 미치겠지만 굳은살 두께만큼 매력 지수가 한 겹 올라간다면 기꺼이 불편을 감수할 작정이다.

숫자 울렁증

여덟 살 무렵이었다. 집에 온 손님이 용돈으로 쓰라며 오천 원짜리 지폐 한 장을 쥐어주고 갔다. 내가 받았으니 멋대로 써도 된다고 생각할 정도로 순진했는지, 안 되는 줄 알면서도 모른 척 써버린 것인지 자세히 기억이 나지 않는다.

어쨌거나 처음 받아 보는 큰돈을 손에 쥐고 어깨가 하늘 높이 솟아올랐다. 주전부리가 풍족하지 않던 시절, 마을 곳곳에 흩어져 있던 개구쟁이들을 순식간에 한곳에 모을 정도로 돈의 위력은 대단했다. 온 동네 꼬맹이들에게 아이스크림을 돌리고 평소 먹고 싶었던 초콜릿도 사먹었다. 그래도 남는 돈으로 생일을 맞은 반 친구에게 당시의 핫아이템인 자동필통을 선물하며 인심을 톡톡히 썼다. 적어도 그날 하루는 동네 아이들 사이에서 공주 대접을 받으며 모든 놀이의 주인공이 되었다.

황홀한 부자 놀이는 한나절을 채 넘기지 못하고 고비를 맞았다. 향긋한 과일 맛 설탕물의 포만감에 취해 있는데 회색빛으로 얼굴을 잔뜩 찌푸린 어머니가 놀이터에 들이닥친 것이다.

"아침에 받은 돈 어디 있노? 어서 엄마한테 맡겨라."

말이 좋아 맡기는 것이지 어머니 손에 들어간 다음에는 내 손으로 다시 돌아오는 법이 없었다.

"그, 그거는 아저씨가 나, 나보고 맛있는 거 사무라고 줬는데……."

어머니의 기세에 눌려 목소리는 점점 기어들어갔지만 용기를 내어 그 돈의 주인은 나라고 우겨볼 참이었다.

"설마 그 큰돈을 다 쓰지는 않았제? 집에 가서 얘기하자."

공짜 아이스크림을 얻어먹은 죄로 공범이 되어버린 동네 친구들은 같이 겁에 질린 얼굴로 내가 끌려가는 것을 말없이 지켜볼 뿐이었다.

해가 서쪽으로 넘어가는 오후, 내 종아리가 노을빛으로 물들고 나서야 우리 집 빗자루는 제자리로 돌아갔다. 호된 매타작에도 반성은커녕 내가 받은 돈을 썼는데 왜 이렇게까지 혼나야 하는지 억울해서 눈물이 멈추지 않았다. 언제나 딸 편을 드는 아버지가 퇴근하고서야 어머니의 폭풍 잔소리가 멈추었다. 아버지는 늘 그랬듯이 "잘 했다. 그 큰돈을 하루 만에 다 쓰는 것도 보통 일이 아닌데 우리 딸 대단하다." 며 잔뜩 구겨진 내 마음을 펴주었다.

어머니의 호된 매타작에 억울한 마음이 남아서인지 그 후로도 종종 사고를 쳤다. 명절 때 받은 세뱃돈이 어머니 지갑으로 가기 전에 얼른 문구점으로 달려가 비싼 인형을 사오기도 했고, 갖고 싶던 문구용품을 덜컥 구매하는 바람에 어지간히 속을 썩였다. 그런 나를 보며 어머니는 벌써부터 씀씀이가 헤퍼서 큰일이라며 혀를 찼다. 그럴 때마다 아버지는 "나중에 돈 많이 벌어 잘 쓰고 살려나 보네." 하며 어머니의 걱정을 껄껄 웃음으로 덮고 넘어갔다.

요량 없이 돈에 찍힌 숫자에 무감각했던 탓일까. 학년이 올라갈수록 나는 점점 수학 과목까지 싫어졌다. 초등학교까지는 그럭저럭 견딜만 했는데 학년이 올라갈수록 숫자가 점점 커지고 복잡해지자 머리가 어지러웠다. 미분, 적분, 방정식의 복잡한 답을 구하는 일은 괴로움의 연속이었다. 골치 아픈 숫자 놀음이 싫어서 아예 수학이 없는 인문대학으로 진학했다. 대학생이 되어 좋았던 점 중 하나가 엉킨 실타래 같은 수학 문제를 풀지 않아도 된다는 것이었다.

희망과 설렘으로 빛나던 스무 살의 나는 까마득히 모르고 있었다. 숫자와의 지긋지긋한 싸움은 학교를 졸업한다고 끝이 나지 않는다는 것을. 숫자 싸움은 세월과 정비례하는지 오히려 시간이 갈수록 더 복잡해지고 어려워졌다. 학년 앞의 숫자가 커질

수록 취업 고민과 진로 문제로 머리가 아팠다. 단 1점이 모자라 공들인 시험에서 낙방했을 때 1이라는 숫자가 그렇게 클 수도 있다는 것을 뼈아프게 실감했다.

이십대 중반으로 나이의 숫자가 높아지자 연애에서도 결론이 필요했다. 교제의 햇수가 늘어가니 결혼을 서둘러야 할 것 같아 부랴부랴 날을 잡았다.

결혼이라는 울타리에 들어온 뒤로 숫자와의 전쟁은 끝난 것이 아니라 새 국면으로 접어들었다. 전셋집의 평수, 한 달 수입과 지출, 보험, 저금 등의 여러 숫자가 한꺼번에 쏟아졌다. 좁은 신혼집에서 손님을 치르기라도 할 때면 건너편 아파트의 큰 평수가 부러웠고, 아껴 써도 통장 잔고 숫자를 불리기가 쉽지 않았다.

결혼한 지 일 년쯤 지나니 만나는 사람마다 가족계획을 물어왔다. 우리 또래 부부에게는 정해진 공식이라도 있는 것인 양 일정한 나이에 결혼을 하고, 몇 년 안에 아이를 낳고, 몇 평의 아파트로 넓혀 이사 해야 남들 보기에 잘 살고 있는 것으로 인정받는 분위기였다.

삼십대가 되어 새로운 사람을 만나면 타인들에게 숫자로 자신을 나타낼 일이 부쩍 많아졌다. 내 나이부터 시작해 아이는 몇인지, 어느 아파트 몇 동 몇 호에 사는지, 넓이는 몇 평인지 등 유난히 숫자와 관련된 질문을 많이 받곤 했다. 수에 민감하지 못한 나로서는 초면에 그런 질문을 받으면 썩 불편했다. 내가 가진 숫자가 아니라 내 자체를 보여주며 마음으로 얘기하고 싶은데 사람들은 마음보다 조건을 저울질할 때가 많았다. 요즘엔 초등학생 아이조차도 자기네 집이 몇 평인지, 아빠 차의 배기량이 얼마인지 따져가며 비교한다고 하니 기가 찰 노릇이다.

유난히 숫자에 둔했던 내가 사십대에 접어들면서부터 조금씩 달라졌다. 커가는 아이들의 학자금도 내야 하고, 길어진 노년에 대비해 준비를 할라치면 이제부터라도 셈에 밝아질 필요가 있겠다 싶어서 전과 다르게 숫자를 유심히 살펴보고 있다.

통장 안에 존재하는 숫자를 다스리는 것도 중요하지만 사람과 사람 사이에 놓인 숫자를 원만하게 관리해야 한다는 생각을 한다. 누군가에게 신세를 지면 꼭 갚아야 내 마음이 편하다. 친한 사이에 야박하게 숫자를 따지냐는 말을 들을 수도 있지만 계산의 균형이 맞지 않으면 오히려 관계가 오래 가기 어렵다는 것을 여러 번 경험했다. 오죽하면 부모 자식, 형제지간에도 줄 것은 주고, 받을 것은 받아야 가족들 사이가 원만하게 유지된다.

어른이 되어 간다는 것은 세상의 계산법을 하나씩 익혀가는 과정이다. 숫자 울렁증에서 벗어나는 일이 개념 있는 사람이 되어 가는 과정인지, 적당히 세상과 타협하는 것인지 모르겠다. 마지막 순간까지도 지긋지긋한 숫자에서 벗어나지 못하고 눈을 감게 되는 것은 아닌지 벌써부터 걱정이다.

그린라이트

일루 주자가 갑자기 이루를 향해 돌진한다. 팽팽한 승부처라 자칫 도루 실패가 나오면 찬물을 끼얹을 수도 있는 타이밍이다. 중계 화면에 잡힌 감독의 놀란 표정을 보니 벤치에서 내린 작전이 아니라 선수가 스스로 판단해서 뛴 상황으로 보인다. 야구에서 감독의 지시를 받지 않고 선수가 스스로 판단해 도루를 할 수 있는 권리를 그린라이트라고 부른다.

선수가 그린라이트로 도루를 성공하면 공짜로 한 베이스를 갔으니 감독이 다양한 작전을 구사하기가 수월해진다. 반대로 실패해서 아웃카운트 하나를 잃으면 경기의 맥이 끊긴다. 그래서 주루 능력이 탁월한 몇몇 선수들에게만 허용하는 권한이다. 자율 야구를 지향하는 감독들조차 소수의 선수에게만 그린라이트를 주는 것을 보면 전적으로 믿고 맡긴다는 일이 말처럼 쉽지 않은 것은 틀림없다.

새 학기 개막을 맞아 우리 집 경기장에서도 그린라이트 논쟁이 벌어지고 있다. 감독이 된 나는 그 무섭다는 '중2병'에 접어든 사춘기 아이와 신경전을 벌이는 중이다. '순순히 감독의 작전에 따르라'는 나의 목소리와 '스스로 알아서 하겠다'는 아이의 목소리가 충돌한다.

아이가 중학교에 입학한 후부터 먹이고 입히는 것 이상으로 중요한 엄마의 역할이 학업 스케줄을 챙기는 일이다. 발품을 팔아 학원을 수소문해 레벨에 맞는 반에 넣는 것이 중요한 작전이다. 입소문난 학원이라고 해서 내 아이와 잘 맞는다는 보장이 없다. 자체 테스트 결과를 예의주시하며 그 학원이 우리 아이 성향과 잘 맞는지 점검할 필요가 있다. 아니다 싶을 때는 재빨리 대안을 마련해 공백기 없이 새로운 작전을 구사해야 한다.

어릴 때는 순순히 엄마의 작전 지시를 따르던 아이가 사춘기 구간에 진입하면서 버퍼링이 생겼다. 갈수록 난이도가 높아지고 양도 많아지는 숙제에 비례해 한숨 소리도 커졌다. 한 발 더 나아가 학원에 다니기 싫다는 소리까지 달고 산다. 아이의 말인즉슨 엄마가 짜 놓은 작전 때문에 스트레스를 받으니 학습 의욕이 꺾인다나. 자기가 스스로 결정할 수 있도록 자율권을 보장해 준다면 학원에 안 다니고 혼자서 진도를 빼 보겠다고 했다.

말이 좋아 '자기주도학습'이지 자칫하면 '자기주도농땡이'가 되기 십상이다. 학원에서 친절하게 지름길을 알려 주어도 숨이 차서 겨우 따라가는 마당에 혼자서 얼마나 페이스 조절을 할 수 있을까. 예전과 달리 요즘은 고등학교에 입학 전에 대학 입시의 큰 틀이 판가름나는 분위기다. 중요한 시기에 헛발질을 하다가는 다음 베이스에 도달하기도 전에 아웃을 당할지도 모른다. 당장 힘들다고 쉬운 길을 택하다가 나중에 후회할지도 모른다고, 정신력으로 참고 버티자는 것이 내 주장이다.

아이의 의견은 다르다. 예전에는 학교 수업만 소화하면 되지만 지금은 학원을 몇 개씩 다녀야 하는 상황이니 비교하지 말란다. 가랑이가 찢어지도록 선행 진도를 따라가야 하고 숙제량이 어마어마하니 피로의 무게가 다르다고 한다. 억지로 학원에 묶여서 스트레스를 받는 것보다 스스로 온라인 강의를 찾아 들으면서 학습을 하면 몸도, 마음도 훨씬 여유로울 것이라며 목에 핏대를 세운다.

생각지 못한 주장에 나의 학창 시절을 떠올려본다. 아이의 말처럼 예전에는 학교 수업에 충실하게 따라가기만 해도 무리 없이 학업을 소화할 수 있었다. 게다가 우리 부모님은 학습에 대해 잔소리를 하지 않는 분이었다. 아버지는 오히려 내가 시험 기간에 벼락치기를 하느라 늦은 시간까지 책상 앞에 있으면 어서 자라고 재촉했다. 계속 불을 끄지 않으면 강제로 두꺼비집을 내려버렸다. 시험은 평소 실력으로 치면 되고, 혹시 좀 못 치더라도 건강이 우선이라는 주의였다. 아버지가 그럴수록 마음이 편하기는커녕 오히려 마음이 급해서 몰래 손전등을 켜고 문제

집을 암기했었다. 점수를 잘 받든 못 받든 내 시간을 알아서 결정할 수 있어서 자유에 대한 갈증은 없었다.

감독의 마음이 되어보니 말없이 뒤에서 지켜보는 일이 얼마나 힘든지 느껴진다. 승부처에서 직접 작전 지시를 내리고 직접 경기에 관여해야 속이 시원하다. 도루를 하라고 사인을 내서 성공하면 함께 기뻐하면 되고 혹 실패하더라도 약속된 상황이니 대응할 수 있다. 작전 A가 통하지 않으면 당장이라도 B작전으로 바꾸면 되지 않겠는가. 그러나 선수가 언제 뛸 지 모르는 그린라이트 상황에서는 생각지도 못한 변수가 생기기도 한다. 알아서 하라고 권한을 주었으니 도루를 실패해도 선수 탓을 할 수 없는 노릇이다. 느닷없는 상황에 포커페이스를 유지하며 다음 작전으로 넘어가기가 쉽지 않다.

숨막히는 접전이다. 간발의 차이로 주자의 발이 조금 늦게 베이스에 닿는 바람에 아웃이다. 과감한 시도는 좋았지만 결과적으로는 허무하게 아웃카운트 하나를 날려버렸으니 탄식이 절로 나온다. 그 순간 화면에서 흘러나오는 해설자의 한마디가 묵직하게 다가온다.

"비록 아웃을 당했지만 오늘의 실패가 경험치로 쌓여 한 발짝 더 나아갈 것입니다."

때로는 작전이 실패하더라도 지금이라도 아이에게 그린라이트를 주는 쪽으로 방향을 수정해야 할까.

로열석

　결전의 순간을 앞두고 호흡을 가다듬었다. 운동회 때 백 미터 달리기 출발선에 선 순간처럼 가슴이 쿵쾅거리고 입술이 마른다. 5, 4, 3, 2, 1! 화면의 숫자가 사라지는 순간 눈앞에 수천 개의 좌석 그림이 도미노처럼 펼쳐졌다. 재빨리 손가락을 움직여 마우스를 클릭했다. 버튼을 누를 때마다 '이미 다른 사람이 선택한 좌석입니다'는 문구가 떴다. 썩 마음에 차지는 않지만 이층 끄트머리에 겨우 한 자리를 잡았다.

　음악을 전공하는 아이의 부탁으로 음악회 티켓을 예매할 일이 종종 생긴다. 얼마 전, 세계적으로 이름난 피아니스트가 전국 순회공연 때는 피 튀기는 예매 전쟁이 벌어졌다. 시작 전부터 예매사이트에 사람들이 몰려 서버가 마비되다시피 하더니 겨우 들어갔을 때는 이미 자리가 동이 나버렸다.

이름난 연주자가 아니라 덜 알려진 사람의 공연도 로열석부터 동이 난다. 무대에서 먼 뒷자리나 시야가 좋지 않은 양쪽 가장자리는 가격이 더 싸다는 장점에도 불구하고 인기가 없다. 값이 두 배 이상 비싼데도 로열석은 예매가 어렵고 오히려 싼 자리일수록 구하기가 쉽다. 횟수를 줄여서 한 번을 가더라도 사람들은 좋은 자리를 차지하고 싶어 한다.

얼마 전, 아침 일찍 백화점 앞을 지나가다가 희한한 구경을 했다. 개점 시간 전부터 백화점 광장에 꼬리에 꼬리를 물고 대기 줄이 길게 늘어졌다. 수입 명품매장에 빨리 입장하기 위해 번호표를 받고 기다리는 사람들이었다. 문을 여는 시간에 맞추어 도착했다가는 대기 번호가 몇백 번을 넘어가기 때문에 입장을 못하게 될 확률이 높아서 꼭두새벽부터 나와서 줄을 선다는 것이다. 돈을 받고 대신 자리를 지키는 신종 아르바이트까지 생겼다.

앞자리에 줄을 서서 입장을 해도 그날 매장 안에 내가 찾는 가방이 없을 확률이 더 높단다. 내가 가방을 선택하는 것이 아니고 물건이 나를 간택해 주는 운이 따라야 가방을 손에 넣는다고 하니 참 별일이다 싶다. 오히려 중저가 브랜드에는 줄이 생기지 않는다. 하나를 사더라도 특별히 비싼 것을 가지고 싶다는 욕망에 경쟁이 붙어 진열대 맨 앞자리에 놓인 비싼 제품부터 먼저 동이 나고 행운이 따라야 살 수 있는 진풍경이 펼쳐진다.

아파트를 구할 때도 비슷한 일이 벌어진다. 같은 아파트에서 평수가 다른 것도 아닌데 단지 몇 동, 몇 호냐에 따라 가격이 천차만별이다. 값을 더 치르더라도 뷰나 일조가 좋은 로열동의 로열층을 선호한다. 미분양이 나오는 아파트조차 인기 있는 동의 로열층은 프리미엄이 붙어 거래되기도 한다.

지난 입시철, 지역 뉴스에서는 벚꽃 피는 순서로 대학들이 문을 닫는다는 비관론이 앞다투어 뉴스 앞머리를 장식했다. 갈수록 출산율이 낮아져 대학 정원보다 오히려 입시생의 숫자가 적어지고 있다. 대학에서는 다양한 마케팅을 동원해 학생들을 유치하기 위해 적극적으로 뛰어다닌다. 이름값과 상관없이 어디라도 괜찮다는 입장이라면 대학 문턱이 턱없이 낮아진 셈이다.

문제는 누구나 가고 싶어 하는 유명한 대학의 인기학과는 여전히 문턱이 높다는 것이다. 아무리 인구가 줄어도 좋은 자리는 한정되어 있고, 오히려 정원은 줄어들어 경쟁이 더 치열하다. 특히 수도권에 있는 대학은 예전보다 입시의 문이 더 좁아졌다. 인구의 절반 가까운 사람들이 몰려 있는 수도권 학생들이 우선적으로 희망하고, 지방에 사는 학생들도 여건만 되면 서울로 가려고 하니 입시에서 수도권 쏠림 현상이 오히려 심해졌다.

과거에는 몇 손가락 안에 꼽히는 대학에 갈 성적이 안 되면 자기가 사는 지방의 대학의 인기학과를 선호하기도 했는데 요즘은 양상이 완전히 다르다. 서울 안에서도 앞자리에 있는 대학에 들어가는 것은 말할 필요도 없이 어렵고, 서울 근교에 있는 대학들조차 해마다 커트라인이 높아지는 추세다.

큰아이의 대학 입시가 가까워지면서 입학시험에서도 좋은 자리를 하나 얻기가 얼마나 힘든지 실감하고 있다. 다들 가고 싶어 하는 학교에 합격하려면 성적도, 실기도 빈틈없이 준비해 놓아야 원서를 쓸 엄두라도 낼 수가 있다. 수능 성적 반영 비율이나 선택 과목이 자주 바뀌기 때문에 미리 대비하지 않으면 원서를 써보지도 못하고 기회를 날릴 수가 있어서 긴장을 늦출 수 없다.

공연장에서 좋은 자리를 차지하고 싶은 것처럼 남보다 앞서고 싶은 것은 인간의 자연스러운 본능이다. 더구나 예술에서는 최고의 자리에 오른 사람일수록 무대에 설 기회가 많아서 이름난 학교에 들어가려는 경쟁이 몹시 치열하다. 입시에서는 작은 운조차도 실력을 미리 갖춘 사람만이 얻을 수 있으므로 원하는 자리를 얻으려면 남들보다 더 많은 시간과 노력이 필요하다.

누구나 쉽게 차지할 수 있는 자리라면 애초에 '로열석'이라는 이름이 붙지도 않았을 것이다. 그렇다고 이대로 포기할 수는 없다. 프로야구 한국시리즈 결승전 표에서부터 유명한 피아노 공연에 이르기까지 다양한 분야의 표를 기어이 손에 넣었던 경험이 있지 않은가. 지금껏 쌓았던 경험치를 살려 예매사이트에 수시로 접속하다 보면 분명 앞자리를 건질 수 있는 행운이 따르지 않을까.

슬픈 날개, 조문국의 금관

 황금빛 깃털이 금방이라도 날갯짓을 할 것만 같다. 금실을 꼬아서 붙여놓은 왕관의 세형 장식에 입이 벌어진다. 아마도 백성들은 저 황금 깃털을 삼면에 꽂은 금관을 쓴 왕을 하늘처럼 받들었을 것이다. 황금을 날개 삼아 이 지역을 호령했을 어느 왕의 역사가 지금은 슬픈 깃털로만 남았다.
 의성의 조문국 박물관에서 생각지도 못한 눈 호강을 하는 중이다. 대체로 산山자 형이나 출出자형의 장식에다 사슴뿔 모양의 세형을 한 신라의 금관은 여러 번 보아서 눈에 익다. 하지만 깃털 모양을 본떠서 장식해 놓은 금관은 이번이 처음이다. 새로운 디자인의 신상품을 구경하는 설레는 기분으로 유리벽 안에서 반짝이는 금동관을 요모조모 뜯어본다. 마땅한 세공 도구도 없었을 옛날에 금을 부려서 깃털의 미세한 결을 표현한 것을 보

니 솜씨가 지금을 능가하고도 남겠다.

그 이름조차 낯선 조문국은 현재 의성 금성면의 옛 이름이다. 과거 진한의 12국 중 하나였다. 삼한의 여느 소국들처럼 역사적인 기록이 거의 남아있지 않아서 그런 나라가 존재했었다는 것조차 모르고 지나갈 뻔했던 우리 역사다. 다행히 단 한 줄 남은 기록 덕분에 자칫 묻혀버릴 수도 있었던 고대왕국의 존재가 땅 위로 드러났다. 〈삼국사기〉의 신라본기 속에 '벌휴이사금이 조문국을 벌했다'는 짧은 문장이 조문국이라는 나라가 있었음을 증명해 주었다. 신라 경덕왕 즉위 당시에는 의성이었고, 그 이전에는 조문국으로 불렀다는 것이다. 이후 고려 시대에 의성부로 승격되어 이 지명이 현재까지 이어지게 되었다.

그렇다면 신라의 것이라 볼 수 없는 저 낯선 깃털 장식의 금동관이 도대체 어디에서 왔는가? 그 궁금증을 해결하기 위해서는 당시 한반도의 역사적 상황을 살펴볼 필요가 있다. 왜구가 신라를 괴롭히고 있었고, 신라는 그들을 당해낼 재간이 없었다. 그래서 고구려를 찾아가 도움을 요청한다. 이야기를 듣고 당시 고구려의 왕이었던 광개토대왕이 남쪽으로 내려와 왜구를 소탕했다.

고구려의 군사들이 남쪽에 내려와 머물면서 문물이 자연스럽게 흘러들어오게 되는데 여러 지방 중에서도 특히 신라와 고구려의 접경지역인 의성 지역에 많은 영향을 끼쳐서 왕관의 모양에 영향을 주었다. 깃털 장식을 두른 금동관이 고구려의 수도 지역의 관 꾸미개에서 나왔던 깃털 모양과 같은 것으로 보아 당시 고구려 문화가 조문국 속에 깊숙이 스며들었던 것 같다.

역사의 기록을 보면 조문국은 분명히 신라의 지배력 아래에 놓인 국가였다. 그래서인지 의성지방에서 출토된 금신발이나 허리장식은 신라의 고분에서 출토된 유물과 쌍둥이처럼 닮았다. 그런데 어째서 단순한 액세서리가 아니라 왕의 권위를 높이는 중요한 상징물인 왕관에 고구려의 색채를 담았을까 의문이 생긴다.

머리는 고구려에 가깝고 몸뚱이는 신라를 따랐던 장식품을 통해 강대국 사이에 낀 약소국의 고민을 짐작해 본다. 군사력이 월등한 고구려의 눈치도 봐야 하고, 예전부터 관계를 이어온 신라와의 관계를 저버릴 수 없으니 얼마나 고민이 컸을까. 후삼국시대에도 고려의 왕권과 후백제의 견훤이 이곳을 호시탐탐 노렸을 정도로 의성 지방은 군사적 요충지에 해당하는 노른자위 땅이다. 게다가 땅을 파면 곳곳에서 황금이 나왔으니 옆에서 가만히 내버려 둘 리 없었다. 약소국이 강대국의 틈바구니 속에서 살아남기 위해서 이쪽저쪽의 눈치를 동시에 보며 아슬아슬한 줄타기를 해야만 했을 것이다. 그런 상황에서 오랜 고민 끝에 몸뚱이는 신라를 따르고 머리는 고구려를 따르는 웃지 못할 촌극이 벌어진 것이 아닐까.

역사의 물결 속에서 과거가 되풀이되는 것인가. 오늘날 강대국 사이에서 이러지도 저러지도 못하는 처지인 우리나라의 정세가 조문국과 크게 다르지 않아 보인다. 강대국 사이에 둘러싸인 한반도의 지정학적인 처지로 인해 그동안 얼마나 많은 침략을 당해 왔는지 모른다. 남과 북이 선을 긋고 사는 지금도 위로는 중국과 러시아가 기회만 있으면 숟가락을 얹고 싶어 하고 옆에서는 일본이 잘못된 과거를 되풀이하려고 태클을 건다. 큰 바다를 건너야 닿을 수 있는 지구 반대편의 미국조차도 미소의 가면을 쓰고 뒤에서는 단물을 빼갈 궁리를 하고 있다.

조문국의 과거와 우리나라의 현재 사이에 묘한 공통분모를 찾고 나니 화려하게만 보이던 금동관이 달리 보인다. 중간에 낀 죄로 주변국의 압력에 의해 결국 역사의 뒤안길로 사라진 약소국의 슬픔이 눈부신 날개 뒤에 숨어 있는 것 같다. 금동관이 뿜어내는 휘황찬란한 금빛만큼이나 소멸의 서글픔도 무겁게 다가온다.

하얀 깃발

　바람 끝자락에 희미한 봄 향기가 묻어나는 저녁, 전시회를 보러 먼 걸음을 했다. 멋진 조각 작품도 감상하고 오랜만에 반가운 사람들을 만나 안부를 나누는 사이 기분이 따뜻하게 부풀어 올랐다. 옹기종기 붙어 앉아 작가의 해설에 귀를 기울이고 있던 나에게 뒷자리에 앉은 선배가 속삭이듯 한마디를 던졌다.
　"아이구야, 혜경 씨도 흰 머리카락이 올라왔네!"
　문장의 끄트머리에 탄식의 느낌표가 따라붙었다. 그렇다고 핀잔을 주려는 말투는 아니었다. 지금보다 푸릇푸릇했던 예전의 모습을 알던 사람으로서, 새카만 후배의 머리에 난 흰 머리카락를 보고 안타까워하는 목소리였다.
　"이제 그럴 때도 됐지요."
　담담한 척 대답하긴 했지만 그 뒤부터 뒤통수가 근질근질했다. 작품 해설은 들리지 않고 온몸의 신경세포가 머리 뒤쪽으로 쏠리는 기분이었다.

　마흔에 접어들었을 무렵, 거울을 보다가 어깨에 살포시 내려앉은 흰 머리카락 한 가닥을 발견하고 깜짝 놀랐다. 검정색 니트를 입지 않았더라면 보지 못하고 지나쳤을지도 모를 한 올의 머리카락은 적잖은 충격으로 다가왔다. 올 것이 왔구나 싶으면서도 내 것이 아니라고 부정하고 싶은 마음이 앞섰다. 받아들이고 싶지 않아도 빼도 박도 못하게 중년의 대열에 접어들었다는 것을 알리려고 눈앞에서 흔드는 하얀 깃발 같은 것이었다.

　처음 발견한 이후로 흰색의 비중이 야금야금 늘어갔다. 이따금 아이가 흰 머리카락을 발견하고는 "엄마도 점점 할머니가 되어 가나 보다." 하며 놀리기도 했다. 남자들의 흰 머리카락은 '로맨스그레이'라는 근사한 별칭까지 붙여서 원숙미를 상징하기도 한다는데 여자에게 있어서는 '너는 이제 늙었다'는 절망적인 선고처럼 느껴져서 여간 신경이 쓰이는 것이 아니었다. 흰 머리카락이 더 번지기 전에 몸에 좋다는 영양제도 챙겨 먹고, 시간을 쪼개서 운동도 해 보았지만 불쑥 삐져나오는 깃발을 막기에는 역부족이었다.

　아직은 가까이에서 들여다봐야 흰 머리카락이 보일 정도로 검은 머리카락의 수가 우세하다. 그러나 언젠가는 은빛 물결이 대세를 이룰 날이 올 것이다. 어느 날 거울을 보다가 검은색과 흰색이 역전이 된 모습을 보면 만감이 교차할 것 같다.

시간이 한참 흐른 뒤에 백발노인이 되어서 지금의 나를 돌아보면 어떤 느낌일까. '그깟 흰 머리카락 몇 가닥이 무슨 대수라고 호들갑을 떨었나' 싶어 민망해 할지도 모른다. 선명한 검은색 머리카락이 세월 앞에서 하얗게 바래어져 가는 일은 누구나 겪어야 하는 자연의 순리가 아닌가. 머리카락 색이 변하는 것보다 더 중요한 일은 세월에 맞게, 주어진 나이에 맞게 마음을 다스릴 수 있도록 마음을 가다듬는 것이다.

지금껏 살아오면서 나는 늘 어떤 일이 과거형으로 변하고 난 후에야 예전의 그 시간이 어떤 의미인지 뒤늦게 깨우치곤 했다. 시간이 흐르고 나서야 지난날의 잘잘못을 따져보고 후회하는 행동을 되풀이했다. 다행스럽게 이번에는 반대로 미래의 시간을 먼저 예측해 볼 기회가 생겼다. 흰 머리카락이라는 미래의 징표를 통해 먼 훗날의 나를 미리 그려보면서 주어진 현재를 천천히 음미하라는 신호를 선물 받은 셈이다.

나에게 하얀 깃발이 생겼다. 어깨에 지고 있던 무거운 짐일랑 내려놓고 하얀 깃발을 휘날리며 이곳저곳을 누비고 다니는 미래의 내 모습을 상상하니 벌써부터 웃음이 난다. 눈에 힘을 빼고 세상을 바라볼 그 즈음에는 밝은 흰색이 더 친근해질 듯하다. 봄 햇살 아래서 선명하게 눈에 띄는 흰 머리카락 몇 가닥을 이제는 덤덤하게 바라볼 마음의 준비를 한다.

작품 해설

● 작품해설

일탈을 꿈꾼다

　이혜경은 일탈의 작가다. 삼십 대에 수필 문단에 들어선 것부터가 일탈의 시작이다.(매우 드문 일이다) 그의 대표작이자 첫 수필집의 표제작인 「각도를 풀다」만 해도 삶의 방향을 틀어 본다는 점에서 일탈로 분류된다. 원래 일탈은 사회적 규범에서 벗어나는 행위를 말하는 것으로 부정적인 의미가 내포되어 있다. 하지만 강제되지 않는 규범으로부터 벗어나는 일, 이를테면 관례와 관습 등에 맞서는 것도 그 뜻에 포함된다는 점에서 그의 일탈은 매우 긍정적 의미를 지닌다.

　작가는 이번에 발간하는 두 번째 수필집에서 '수필은 이모티콘이다'라고 말한다. 이 또한 기발하고 신선한 발상이다. 시간예술인 문학과 공간예술인 그림의 형상을 띤 이모티콘(emotion+icon 감성부호)을 연결 지어 보려는 의도가 재미있다. 문학을 포함한 시간예술은 형체가 보이지 않는 영혼적 가치와 연관된 내부경험을 시간 위에서 풀어내는 작업이다. 그림을 포함한 공간예술은 물질과 신체의 영역으로서 외부로부터 받아들인 직관을 공간에 그린다는 점에서 둘은

갈라진다. 더구나 수필은 산문散文이라 하여 대상을 넓게 풀어헤치는 방식을 취하고, 이와 달리 이모티콘은 응축과 상징의 기법을 쓴다. 이런 차이점 때문에 둘의 관계를 등식으로는 놓기보다는 끌어다 쓴다는 상보적인 관계로 보는 것이 적절해 보인다.

  그럼에도 이혜경은 수필과 이모티콘이 닮았다고 한다. 수필이나 이모티콘이나 자신의 내면을 발현하는 기의記意와 기표記票라는 점에서 동일한 도구라고 본다. 한 조각의 사소한 감정이라도 굵고 짧게 편집하여 읽는 사람이나 보는 사람에게 웃음을 주는 것도, 울컥 솟아오르는 정제되지 않은 감정의 덩어리를 의뭉스러운 이미지로 표현하는 것도 둘의 닮은 점이다. 가슴이 보내는 소리에 충실하되 보내는 이와 받는 이의 처지에 따라서 다양하게 해석된다는 점도 같다고 말한다. 이러한 논리에 수긍이 가는 것을 보면 그의 일탈은 울타리를 벗어나는 것이 아니라 울타리를 넓히려는 의도가 아닌가 싶다. 몸은 뿌리에 두고 팔과 발을 뻗어 좀 더 영역을 확장하려는 시도로 여겨진다.

  작가는 이번 수필집에서 40편의 글을 6부로 나누어 놓았다. 많지 않고 길지 않은 글을 보다 세분하여 묶은 것은 책을 안팎으로 무겁지 않게 느끼게 하려는 의도로 읽힌다. 6개의 부는 '1. 눈물 짓다', '2. 미소 짓다', '3. 그리워하다', '4. 빠져들다.', '5. 돌아보다', '6. 비켜서다' 라는 추상적 주제어를 달고 있다. 각각의 부마다 그에 맞는 이모티콘을 붙여놓음으로써 즉각적이고, 생생한 상상력을 불러오도록 했다. 작가가 평소 수필에서 느꼈던 여러 장·단점들을 반영하고 새롭게 시도해 보려는 표정이 역력하다.

　이혜경의 수필에는 가족 이야기가 자주 등장한다. 대체로 수필가들은 가족사 수필이라는 지적을 소재 빈곤으로 받아들여 예민하게 반응하는 경향이 있다. 이에 대해서는 조금도 그럴 일이 아니라고 해명을 대신 하고 싶다. 수필은 보이는 것과 보이는 것을 전제로 한 그 너머의 세계를 탐색한다. 보지 않은 것을 보았다고 적을 수 없다. 꽃 연구가는 꽃수필을 쓰고, 식물학자는 나무수필을 쓰고, 의사는 의학수필을, 법률가는 법률수필을 쓰는 것이 맞다. 작가는 지금 전업주부로서, 부모 봉양과 자녀 육아가 최대의 관심사인 세대다. 그러니 글 속에 가족이 자주 등장하는 것은 너무나 당연한 귀결이다.

　흔히 문학에서 '낯설게 하기'란 낯선 것을 불러와 새로움을 보여주는 것이 아니라 낯익은 것들을 불러와 낯설게 해석하는 것이다. 그러니까 가까운 것, 낯익은 것이 곧 수필의 좋은 재료가 된다. 수필 쓰기에서 가장 경계해야 할 점은 일박이일의 템플스테이를 다녀와 불경을 통째로 옮겨 적는 일이고, 겨우 며칠간 해외여행을 다녀와서 그 나라를 온통 데리고 오는 것이다. 요즘 수필에서는 테마 수필이 주목을 받고 있다. 독자들은 이것저것 진열해 놓은 잡화점식 수필보다 어느 분야에 천착한 (직업뿐만 아니라) 것과 곳의 풍경을 보고싶어 한다.

그런 까닭에 아버지에 대한 기억으로 묶은 작가의 수필집 1부 '아버지 수필'은 테마수필로서 잘 기획된 배치라고 평가한다. 수필의 효용성은 내가 쓰는 나의 이야기를 너희가 들어달라는 것이 아니라 나의 이야기를 타인이 공유하여 각자의 기억을 환생시키는 데 있다. 우리에게 잘 알려진 노래 중에 '찔레꽃'이라는 동요가 있다. '엄마 일 가는 길에 하얀 찔레꽃……. 엄마엄마 부르며 따 먹었다'는 이 노래는 동시를 바탕으로 만들어진 엄마노래다. 세상에 '엄마'를 부르는 노래가 얼마나 많은가. 그런데도 이 '찔레꽃'은 들을 때마다 새로운 감흥으로 각자의 엄마를 환기시킨다. 또 다른 이들이 주옥 같은 가사를 재생산하여 원곡에 얹혀 여러 종류의 대표적인 엄마노래로 불리고 있다. 이혜경의 '아버지 수필'도 이와 같이 익숙한 소재로서 새롭게 읽히는 에너지를 가지고 있다. 특히 작가는 근년에 아버지를 상실한 아픔을 겪었다. 그로서는 세상에 태어나 처음 맞는 가족과의 이별이었다. 작가의 이름을 달고서 생로병사의 통과의례 중에 부모와의 이별을 간과하거나 소홀히 여기는 것은 오히려 나태로 비판 받아 마땅할 것이다.

그러면 가족을 소재로 한 글 중에 수작으로 평가 받는 「꽃멀미」를 요약해 본다.

어린 시절, 아버지에게 손을 잡혀 이끌려 간 곳은 경주 불국사 벚꽃 길이었다. 아버지는 자식들을 나무 아래 세워 놓고 자꾸 "꽃이 예쁘다" 하며 사진을 찍었다. 뙤약볕 아래서 작가는 차라리 근처 놀이 공원이라도 가지 하며 짜증을 냈다. 결국 불국사 정문 앞 중국집에서 짜장면 한 그릇으로 골을 풀고 돌아왔다. 그 풍경은 흑백 사진 한 장으로 아스라이 남았다.

세월이 가고 어느 봄날, 작가는 그 벚꽃나무 아래 아이들을 세워 놓고 사진을 찍는다. 총천연색의 화려한 칼라사진이다. 그는 그 옛날의 아버지처럼 "꽃이 참 예쁘다"고 하지만 아이들은 간식에만 정신이 팔려 있다. 그제야 작가는 꽃이 예쁘다는 아버지의 말을 이해하게 된다. 꽃처럼 예쁜 자식의 얼굴을 담아두고 싶었던 것이다.

작가는 문득 아버지가 생각나 전화를 건다.

"아버지, 불국사에 놀러 왔어요. 옛날에 우리 데리고 불국사에서 사진 찍었던 것 기억하세요?"

"어디라고? 불국사? 언제 우리가 거길 갔었나?"

노쇠한 아버지의 머릿속에는 불국사 벚꽃이 남아 있지 않다. 그날 아버지는 꽃을 보고 싶었던 것이 아니라 자식들의 얼굴을 오래오래 담고 싶었기 때문이 아니었을까.

또 한 편의 수필 「청년회관」을 읽어 본다. 팔순이 훌쩍 넘은 친정 아버지를 고향 경로당에 모셔다 드리는 장면이다.

아버지에게 경로당에 가는 일이란 매일 밥을 먹고 잠을 자는 것만 큼이나 중요한 일과다. 그런데 아파트 단지 안에 있는 가까운 곳을 두고 굳이 멀리 있는 경로당까지 차를 타고 가신다. 버스로 삼십 분이나 걸리는 먼 동네까지 원정을 가는 데는 이유가 있다. 그곳은 아버지가 코흘리개시절부터 성인이 될 때까지 살았던 고향 동네이기 때문이다.
"이 동네가 진짜 많이 변했네요."
"대도시 다 됐지. 그래도 옛날부터 살던 데라서 그런지 여기만 오면 마음이 편해."
어느새 아버지의 입꼬리가 슬쩍 올라가 있다. 팔순의 고개를 훌쩍 넘긴 후에도 매일 고향 동네로 마실을 다닐 수 있다는 것은 작지 않은 복이다.

그런데 건물에 붙은 간판이 특이하다. 세월의 흔적이 쌓여 희미해진 현판에는 '동중리 청년회관'이라고 쓰여 있다. 경로당 이름이 '청년회관'이라니. 낡은 간판마저 문학적이다. 아버지는 익숙한 손놀림으로 문을 열고 지팡이를 짚은 채로 문턱을 넘어간다. 평소보다 날렵한 몸짓이다. 아버지가 청년회관 안으로 들어간 후에도 작가는 그 앞을 떠나지 못한다. 아버지가 예전의 빛나던 젊은 시절로 돌아가 즐겁게 시간을 보낼 수만 있다면 '청년회관'이라는 엉뚱한 간판이 제대로 어울릴 법하기 때문이다.
두 편의 수필을 통해 작가가 유난히 아버지와 교감이 깊었다는 것을 충분히 짐작할 수 있다. 작가가 아버지를 생각하는 마음이 흥미롭고 감동적이다. 가족사 수필이라고 해서 그 형식과 내용이 어찌 천편일률적이라고 할 수 있을까. 작가는 그만의 아버지로서 세상의 모든 아버지를 대변한다. 수필의 문제는 소재의 일상성이 아니라 오히려 익숙한 화소의 낯선 해석력에 있다. 그런 점에서 작가의 작품에 등장하는 아버지는 개인의 아버지로 그치지 않고 독자의 아버지들을 상기시키기에 충분한 문학적 상징을 담고 있다.

이른바 주제가 잘 구현된 수필은 대부분 의미화 또는 형상화 작업에 성공한 글들이다. 문학과 비문학의 경계를 가르는 이 문학적 장치는 은유 또는 유비類比의 형식을 띤다. 즉 원관념 A를 드러내기 위해 이와 적절히 짝을 이루는 보조 관념 B를 불러와 대비시키는 구조다.

예를 들면 이혜경의 수필 「샌드위치가 맛있는 이유」에서 샌드위치는 4남매 중 세 번째로 끼어 있는 처지인 작가를 드러내기 위해 불려 나온 보조관념이다. 「하이힐과 슬리퍼」도 우리의 삶에 적절히 혼재되어 있는 긴장과 이완을 은유한다. 「탈을 내리다」에서도 민낯과 가면이라는 형상화의 장치가 어김없이 작동되고 있다. 작가는 이미 문학적 틀을 짜는 의미화 작업에 능수능란하다. 수필작법의 기초를 탄탄히 다지기 위해 오래 단련을 거친 작가라는 뜻이다.

수필은 체험을 바탕으로 하는 문학이다. 누군가 수필을 두고 "서른여섯 살 중년 고개를 넘어선 사람의 글"이라고 한 말은 결코 빗나간 말이 아니다. 아무래도 행동반경이 좁은 주부로서, 또한 연배가 젊은 축에 속한 그로서는 가슴에 퇴적된 체험의 부피가 일견 작을 수도 있을 것이다. 하지만 작가가 젊다는 것은 오히려 장점이 될 수도 있다. 다가올 시간이 인생의 다양한 경험을 축적할 수 있도록 기회를 제공해 줄 것이기 때문이다.

짧은 지면에서 가족수필을 넓게 다루었다고 해서 작가의 시선이 제한되어 있다고 이해하는 것은 오독이다. 이혜경의 시선은 안팎으로 넓고도 다양하게 열려 있다. 지상에서 공중으로, 공중에서 지상으로의 순환을 다룬 「공중관람차」는 시간을 공간으로 재단하여 그 속에서 이루어져야 할 삶의 이치를 탐색해 본 글이다. 「방부제」와 「로열석」은 작금에 우리 사회에서 부딪치고 있는 현실 문제를 다룬 사회 수필이다. 「옆모습」은 일순간 우리들의 묵은 편견을 무너뜨리게 한다.

제법 큰 비중을 차지하고 있는 그의 음악 관련 소재의 수필도 주시해 볼 필요가 있다. 작가 본인이 취미로 악기를 배우고 있는데다가 자녀가 음악을 공부하고 있어서 특별히 음악공연에 관심이 많다. 앞으로 음악을 테마로 한 작품집을 준비하고 있다고 하니 수필과 음악이 만났을 때의 시너지와 더불어 또 다른 영역의 확대에 대한 기대가 크다. 현재 육아의 모습을 다룬 그의 교육수필도 찬찬히 살펴볼 만하다. 사춘기 자녀를 키우는 부모로서 겪는 이야기들은 같은 세대의 부모들에게 공감을 불러일으키기에 충분한 소재다.

작가 이혜경의 수필을 보면 에세이의 어원이 '시도하다'에서 왔다는 것을 새삼 상기하게 된다. 그의 이번 수필집이 시간예술인 수필과 그림 형상의 공간예술인 이모티콘의 접목만으로도 유의미한 작업이었다고 평가한다. 그는 끊임없이 수필의 폐쇄적 한계를 뛰어넘기 위해 일탈을 꿈꾸는 작가이다.

—홍 억 선 (한국수필문학관장)

우리시대 수필작가선 081

수필은 이모티콘이다

ⓒ 이혜경 2021

인쇄일 | 2021년 12월 10일
발행일 | 2021년 12월 16일

지은이 | 이혜경
발행인 | 이유희
편집인 | 이숙희
발행처 | 수필세계사

출판등록 2011. 2. 16(제2011-000007호)
41958 대구광역시 중구 명륜로 23길 2
TEL (053)746-4321 FAX (053)792-8181
E-mail / essaynara@hanmail.net

값 12,000원
ISBN 979-11-85448-81-7 03810

* 본 도서는 2021년 한국문화예술위원회, 부산광역시, 부산문화재단
 지역문화예술특성화지원사업의 지원으로 제작되었습니다.